KB057319

지식재산
콘서트

4차 산업혁명 시대 혁신성장의 해법

지식재산 콘서트

초판 1쇄 인쇄 | 2020년 2월 20일
초판 1쇄 발행 | 2020년 2월 25일
지은이 | 오세중
발행인 | 김태영
발행처 | 도서출판 씽크스마트
주　　소 | 서울특별시 마포구 토정로 222(신수동) 한국출판콘텐츠센터 401호
전　　화 | 02-323-5609 · 070-8836-8837
팩　　스 | 02-337-5608

ISBN 978-89-6529-226-5　03320

• 원고　kty0651@hanmail.net

이 도서의 국립중앙도서관 출판예정도서목록(CIP)은 서지정보유통지원시스템 홈페이지(http://seoji.nl.go.kr)와
국가자료공동목록시스템(http://www.nl.go.kr/kolisnet)에서 이용하실 수 있습니다.(CIP제어번호: CIP2020003402)

씽크스마트 • 더 큰 세상으로 통하는 길
도서출판 사이다 • 사람과 사람을 이어주는 다리

4차 산업혁명 시대 혁신성장의 해법

지식재산 콘서트

오세중 지음

사람과 사람을
이어주는 다리

Contents

제1장 국가성장 패러다임의 전환

제2장 특허제도 무엇이 문제인가

제3장 해외의 지식재산정책 추진 전략과 시사점

제4장 특허제도 개선, 이렇게 해야 한다

제5장   **특허협력, 남북교류의 미래 주역**

제6장   **혁신성장의 길 – 리더십과 인사이트**

한국 경제에 삼각 파고가 거세게 밀려오고 있다. 국내 경제 환경과 외부적 요인들이 겹으로 한국 경제를 흔들고 있다. 국내적으로는 내수 부진과 설비 투자 감소, 고용 부진이 이어지고 있고, 국외적으로는 미중 간의 무역 갈등과 세계 경제의 침체로 수출부진이 이어지고 있다.

경제성장률은 해마다 떨어지고 있다. 주요 경제연구기관들의 잠재성장치 전망을 보면 잠재성장률은 2%대에서도 점차 하락하여 2019~2023년에는 2.4%로 하락하고 2020년대 후반에는 1%대에 진입할 것이라는 비관적인 전망도 있다. 한은이 최근 발표한 2019년 성장률 전망은 2.2%에 머물고 있으며, 블룸버그가 집계한 2019년 10월 기준 각 기관의 2019년 한국 경제성장률 전망치 평균은 1.9%에 그쳤다.

이러한 한국 경제 문제의 해법은 간단치가 않다. 우리가 다룰 수 있는 수단은 제한적이고 임시처방적 미봉책에 불과하다. 구조적 문제는 단기적 해법으로는 풀 수 없는 문제이다.

국내적으로는 저출산에 따른 생산인구 감소가 가장 큰 문제이다. 출산문제를 해결하기 위한 수많은 대책과 재정 투입에도 불구하고 저출산 문제는 해소되기는커녕 갈수록 심화되고 있다. 고용구조 역시 경제의 버팀목으로 작용하기에는 취약하기 그지없다. 대기업이 고용을 확대하기에는 한계가 있고 신규 노동시장에 진입하는 청년층의 일자리는 제한적이다. 대기업과 중소기업 간 일자리의 양극화는 여전히 진행형이다.

더구나 거대몸집을 불려가고 있는 중국의 존재는 더 이상 기회의 장이 아니라 버거운 경쟁대상이 되고 있다. 반도체·전자·자동차·조선 등 주요 산업에서의 절대 우위는 사라졌다. 정보통신분야에서의 중국 기업의 약진은 세계를 호령하는 기세다. 미·중의 기싸움 와중에 일본은 느닷없이 한국을 견제하고 나섰다. 전략물자 수출 제한이라는 명목으로 한국을 화이트리스트에서 제외하고 2019년 7월부터 반도체 제조 공정에 소요되는 소재 공급을 규제하기 시작했다. 일본 경제의 위축과 대비되는 한국 경제의 부상을 견제하기 위해서다. 일본의 몇 가지 핵심소재 공급 중단 조치만으로도 한국 경제는 큰 홍역을 치렀다.

한국이 세계 12위권의 경제 대국으로 자리하고 있다. 하지만 내부구조와 외부환경은 이처럼 취약하고 미래 전망 역시 불투명하다. 지금까지의 경제 패러다임에 대한 근본적인 진단과 재설계가 없이는 경제 강국에서 낙오되는 것은 시간문제다.

세계는 바야흐로 4차 산업혁명 시대로 깊숙이 진입하고 있다. 인공지능과 빅데이터를 이용한 새로운 산업이 경제를 주도한다. 지금까지의 경제가 자본과 노동 등 생산 요소의 투입에 의존했다면 미래의 산업은 요소 투입이 아닌 창의적 지식에 의해 좌우되는 시대가 되고 있다. 혁신형 경제구조는 지식재산을 근간으로 하는 선순환적 성장 구조다.

미국을 비롯한 중국, 일본 등 경제대국들과 경쟁국들은 지금 지식재산 확보를 위한 사활적 경쟁을 벌이고 있다. 트럼프 미국 대통령이 2018년 7월에 대중 수입액 500억 달러 상당의 수입물품에 대한 25% 관세 부과를 발표하면서 불이 붙은 미·중간의 무역 분쟁도 지식재산권에 대한 분쟁으로부터 촉발되었다. 트럼프 대통령은 고율 관세 부과 전년도인 2017년 8월에 미 통상법 301조에 근거해 무역대표부에 중국의 지식재산권 침해 여부와 기술이전 강제 요구 조사에 대한 행정명령에 서명했다. 합작사를 통한 기술이전 강요, 해외특허 라이선스에 대한 차별, 국가주도의 해외기술 탈취, 해킹을 통한 정보수집 등의 방법으로 중국이 미국의 지식재산권을 탈취했다고 본 것이다.

결국 무역분쟁의 핵심 고리는 지식재산권에 대한 국가적 보호와 정책이 자리잡고 있어 무역분쟁의 귀착점도 지식재산권 협상 결과에 달려 있다고 볼 수 있다. 미·중간의 지식재산권 분쟁은 남의 나라 이야기만은 아니다. 우리의 경우 미국 애플사와 중국 화웨이사의 삼성에 대한 대규모 특허 소송은 큰 이슈가 된 바 있다. 이런 소송에 휘말릴 때마다 우리나라는 지식재산권의 확보와 강화가 얼마나 절실한지 뼈저리게 반성하곤 했다.

4차 산업혁명의 성패는 지식이고 이를 뒷받침하는 것이 지식재산권이다. 미국과 중국, 일본 등 경제강국들은 이미 미래 경제를 가름할 지식재산권에 일찍이 주목하여 국가적 차원에서 대비해오고 있다. 일본은 2002년 2월 25일 고이즈미 총리가 '지식재산권 입국'을 선언하고 내각총리대신과 11개 주요부처의 대신, 일본변리사회장 등 전문가단체 대표, 대학총장, 기업대표 등을 구성원으로 하는 '지식재산전략회의'를 설치했다. 이 회의를 통해 같은 해 7월 3일 「지식재산전략대강」을 발표하였으며, 2002년 12월 27일 지적재산기본법을 제정하고 이 법률에 근거하여 총리 직속의 지적재산전략본부를 설치했다. 지적재산전략본부는 지식재산 정책의 수립과 집행을 담당하는 정부 부처의 상위기관이다. 일본의 지적재산전략본부는 2013년에는 10년간 추진할 '지적재산정책비전'을 발표하고, 매년 실행계획을 발표하고 점검하고 있다.

미국은 오바마 정부 시절인 2008년에 백악관에 지식재산집행조정관(IPEC)을 신설하여 행정부 각 부처의 지식재산 정책 집행 전반을 조정, 지휘하고 있다. 중국에서는 국무원이 지식재산권의 창신 활용 보호와 관리 능력을 제고하기 위해 2008년에 '국가지식재산권전략 강요'를 발표하여 국가적 청사진 속에서 지식재산권을 관리하고 지식재산권 보호를 위한 행정, 사법체계 개편을 급속하게 실행해 나가고 있다. 우리나라도 주변국의 발빠른 대처에 자극받아 2011년에 지식재산기본법을 제정하고 같은 해에 국가지식재산위원회를 출범시켜 지식재산 정책을 관리하고 있으나, 대통령 소속 위원회임에도 불구하고 위원회의 위상은 출범 초기보다도 오히려 후퇴하고 약화되었다.

이처럼 4차 산업혁명 시대에 산업의 주도권을 장악하기 위한 경쟁의 한가운데에서 한국도 지식재산권 강화를 통해 보조를 맞추려 하고 있지만, 현재의 지식재산 정책과 방향성, 그리고 정부 각 부처와 산업계, 연구계, 민간전문가들을 아우르는 거버넌스 체계가 과연 적절하게 수립되어 효율적으로 작동하고 있는지에 대해서는 진지한 질문과 성찰이 필요하다.

저자는 우리의 지식재산권의 품질과 보호수준, 이를 뒷받침하기 위한 지식재산 정책과 거버넌스 체계 전반에 대해 냉정한 평가와 새로운 비전, 전략의 수립이 필요하다고 본다. 이 논의는 급변하는 국내외 환경 속에서 새로운 성장동력, 강력한 혁신의 수단을 찾지 못한 채 위기에 빠진 한국 경제를 구하고 새로운 도약으로 견인하기 위해서 꼭 필요하다.

위기는 기회라는 말이 있듯이 현재 당면한 한국 경제의 위기는 체질개선을 위한 기회가 될 수 있다. 그러나 기회는 언제나 기다려주지는 않는다. 21세기 혁신형 사회와 과학기술과 산업발전, 경제발전을 위한 해법은 다름 아닌 지식재산권이라는 답은 이미 나와 있다. 산업과 경제의 혁신의 수단으로 제몫을 할 수 있는 강한 지식재산권을 어떻게 확보하고 또 제대로 보호할 것인지에 대한 진지한 인식과 논의가 사회 각 분야에서 활발하게 이루어지기를 간절히 희망한다.

이 책은 저자가 변리사로서의 업무를 포함하여 23년여에 걸쳐 특허를 비롯한 지식재산권 실무뿐만 아니라 다양한 지식재산 관련 활동에서 체험하고 느낀 내용을 정리한 것이다. 저자는 지식재산 연구회 활동, 대학에서의 지식재산권법 강의, 그리고 변리사회 활동과 해외 변리사 및 유관 단체, 특허청 등 국내외 기관의 담당자들과의 만남 등을 통해 우리나라 지식재산 정책 수립과 실행 과정을 다양하게 경험한 바 있다. 이 책은 이런 그간의 활동을 바탕으로 지식재산 민간 전문가로서 우리나라의 과학기술과 산업 및 경제의 혁신과 발전을 위해 지식재산제도가 가야 할 길을 탐구하고 고민해 온 결과물이다.

또한 여러 변리사 동료, 선후배분들과 국회 도서관의 소준섭 박사 등 관련 연구자들, 언론 등 뜻있는 분들이 함께 토론하며 이뤄낸 소중한 성과물이기도 하다. 우리나라의 특허 등 지식재산권에 관한 민간 전문가의 한 사람으로서 이 책이 우리나라의 지식재산 정책과 제도의 방향을 올바로 세우고, 이를 통해 지식재산권 제도의 본령인 혁신의 성과가 강한 특허와 지식재산권을 통해 경제발전, 나아가 우리 국민과 인류의 번영과 민복에 기여하는 디딤돌이 되기를 기대한다.

2020년 2월
새로운 미래를 꿈꾸며 저자 씀

국가성장
패러다임의 전환

기술패권시대의
개막

대한민국은 강국인가

우리는 강국인가? 우리나라는 1996년 OECD에 가입하였고, GDP
와 GNI는 G20 국가 내 상위 10위를 랭크하고 있다.[1] 2019년 말
현재 미국, 중국, EU, EFTA, ASEAN, 호주, 캐나다, 인도, 이스라엘
등과 총 19개의 자유무역협정(FTA)을 맺었고, 25년간 유지해 오던
농업부문의 WTO 개도국 지위를 포기하였다.

이러한 우리의 경제성장과 국제적 지위에도 불구하고 '강국'이
라고 하기에는 거리감이 느껴지는 것은 왜일까?

강국이라면 정치, 경제, 문화, 군사, 기술 어떤 분야이건 적어도
한 분야에서라도 걸맞은 지위와 국제적인 영향력을 갖고 있어야
할 것이다. 물론 모든 영향력이 국력에 종합적으로 작용하여 그 종

---

1   2018 통계청 KOSIS 자료.

한 국력이 막강할 때 패권국이라 할 수 있다.

최근 미국과 중국 간의 무역분쟁을 두고 '기술패권' 분쟁이라고 한다. 표면적으로 무역 갈등으로 보였으나, 기저에는 5G 기술 표준, 슈퍼컴퓨팅 기술, 인공지능(AI) 기술 등 4차 산업혁명 시대 핵심기술에 대한 주도권을 두고 벌어지는 기술패권 경쟁이라는 것이다.

'패권'은 한 가지 영향력이 아닌 종합적 영향력이 압도적일 때 사용할 수 있는 단어다. 그렇다면 '기술'과 '패권'이 결합하여 '기술패권'이라고 하는 것은 단지 기술에서만 압도적인 것을 의미한다기보다는, 기술력의 압도적 우위를 바탕으로 비로소 갖게 되는 '패권' 생성 메커니즘이 내포되어 있다고 보는 것이 정확할 것이다.

한 국가의 기술력은 군사력과 경제력, 그리고 그를 바탕으로 하는 정치력까지 좌우하는 근간이다.

기술은 작게는 생활 속의 만족이나 편의를 가져오는 작은 수단

최상위 기술패권 생성 메커니즘- 기술력과 다른 영향력 간의 하이어라키

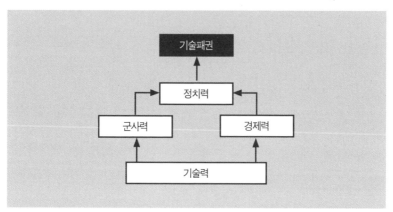

이고 크게는 어떤 시대의 삶의 패러다임을 바꿀 수 있는 혁신이다. 만일 기술의 변화가 없다면, 사람들의 일상 또한 별 변화가 없을 것이다. 늘 같은 방식으로 익숙한 일을 반복할 가능성이 크기 때문이다. 생산성에도 변화가 없으므로 잉여물도 크게 증가하지 않을 것이고, 권력이나 부가 탄생하거나 이동하기도 쉽지 않을 것이다.

인류의 역사는 기술패권의 이동과정

인류의 역사는 사실상 기술패권 이동의 과정이라 할 수 있다. 선사시대는 사용하던 기구를 중심으로 석기시대, 청동기 시대, 철기시대로 구분되는데, 이 역시 기술이 해당 시대를 정의하고 있는 것이다.

신석기혁명부터 4차 산업혁명에 이르기까지 각 혁명의 단계별로 기술을 지배하는 국가가 변천하였고 이들 국가들이 각 시기의 패권을 차지하였다. 역사는 전쟁을 통한 패권국의 등장을 대부분 정치 세력의 변천 과정으로 묘사하나, 그 근저에는 무기, 생산수단, 건축 기술 등의 기술력이 자리잡고 있다.

야쿠시지 타이조 교수의 저서 『테크노 헤게모니』에 따르면, 나폴레옹 전쟁의 경우는 영국에 패하기 전까지 수송을 담당하는 증기 무궤도차, 신속한 정보전달을 위한 전보 시스템, 라이플형 머스킷 총의 원추형 탄환과 같은 혁신적인 무기기술로 치러진 기술전쟁이었다.

이뿐인가? 항공전을 위한 전용전투기가 투입된 최초의 공중전이 제1차 세계대전이다. 비행기술로 인해 전혀 다른 양상의 전쟁이 시작된 것이다. 이어 제2차 세계대전은 영국본토 항공전에서 항속거리와 체공 시간이 우위였던 영국 공군이 승리하였고 이는 제2차 대전의 분수령으로 평가되고 있다.

역사가 기술과 세력 간의 작용 관계를 중심으로 정의되지 못한 것은 역사학자의 기술적 관점이 미약한 탓도 있으리라. 외면적으로 드러나는 정치·사회적 변천과정만 조명된 것이고 그것을 만들어낸 이면의 기술원천은 비중있게 다뤄지지 않는다.

15세기까지 유럽에서 가장 낙후되었던 영국이 산업혁명을 이끌 수 있었던 것은 14세기 이후 위그노의 기술이민으로 시작된 기술의 발전이 면직물 생산 설비 기술, 증기 기관 기술 등 그 시대를 주도할 만한 기술개발로 이어지고, 생산설비 혁명을 통해 더 좋고 저렴한 제품을 더 빨리 유통시킬 수 있었기 때문이다. 또한 영국제 주철포의 제조에 있어서 내화 벽돌을 이용한 석탄로 기술은 그 당시 영국을 무기대국으로 부상하게 하였다.

산업기술력에 대한 자신감을 바탕으로 자유무역시대를 연 영국은 경제력과 군사력, 더 나아가 세계를 제패하는 국제 정치적 영향력을 확보하면서 드디어 18세기 산업혁명에 의한 기술패권국이 되었다. 이후 독일, 미국, 일본, 중국 등으로 기술은 이전되고 발전되어 왔으며, 기술에서의 우위를 점한 국가는 강국이 된다. 독일은 모직공업의 발전, 휘발유에 의한 내연기관의 발명, 그리고 염료산업, 의약산업, 정밀화학 산업으로 20세기 세계를 제패하였다.

오늘날 세계 최강 경제대국으로 군림하고 있는 미국은 건국 초기에는 단지 유럽의 기술을 모방하고 답습하는 국가였다. 그러나 그 이후 20세기의 신기술을 독보적으로 보유하고 축적하면서 기술패권을 쥘 수 있었다.

모방에서 시작하여 독보적 기술을 확보한 세력이 권력과 부를 거머쥐는 메카니즘은 역사 속의 명제이다. 강국은 기술력의 압도적 우위를 토대로 역사에 등장하게 되며, 이것이 기술패권이다.

우리는 4차 산업혁명 시대를 살고 있다. 역사를 산업혁명 이전과 이후로 대별해도 무리가 없을 만큼 기술혁명이 가져온 사회·경제·정치·문화적 변화는 절대적이다. 4차 산업혁명은 전혀 다른 패러다임의 기술문명을 예고하고 있다. 산업혁명의 매 시기에서 선도적 역할을 하였던 국가들이 달랐듯이, 4차 산업혁명 시대에도 각국은 그 선두에 나서기 위해 각축을 벌이고 있다. 그 기회는 준비된 자에게 돌아갈 것이다.

우리는 3차 산업혁명 시기에 펼쳤던 양산기술 전략을 기술패권을 향한 기술혁신 전략으로 진화시켜야 할 시점에 있다. 현대는 기술종주국의 기술패권에 기반한 신식민시대라고 해도 과언이 아니다. 원천기술과 표준기술을 갖기 못한 나라의 운명은 경제성장의 한계는 물론이고 부지불식간에 기술종속에 의한 현대판 식민국가로 전락할 수 있다.

이것이 기술패권 시대이고 우리는 이미 그 시대를 살아가고 있다. 기술종속이냐 기술패권이냐의 기로에서, 우리는 이제 선택해야 한다.

기술패권 없는
경제성장의 한계

기술 종속과 중진국 함정

기술패권은 우리에게 "강국은 경제력이 아니라 기술력을 바탕으로 탄생한다."는 진리를 알려준다. 경제적 부가 목적지라면 기술력은 감히 그 필요충분조건이라고 할 수 있다. 기술적 우위를 점하지 않더라도 기술을 도입할 수 있는 방법은 많다고 누군가는 항변할지도 모른다.

그렇다. 현대 사회에서는 굳이 내가 개발하지 않더라도 기술을 이전해 주겠다고 하는 기업이나 국가가 얼마든지 있다. 양산만 잘해도 일감이 넘치고 경제적 부를 얻을 수 있다. 우리도 그런 방식으로 경제성장을 이뤄낸 국가 중 하나이다.

그러나 우리는 그 한계를 2019년 7월 일본의 수출규제 사태를 통해 똑똑히 체험하였다. 한국전쟁 이후 속성으로 한강의 기적을 일궈내었고 이제는 선진국 패턴의 경제에 익숙해져 헝그리 정신을 잃어

가는 우리에게 때 아닌 '기술 자립'이라는 화두가 던져진 것이다.

기술 종속, 이것은 엄연한 현실이고 결국은 저성장의 늪에 허덕일 수밖에 없는 중진국의 함정이다. 기술 종속은 마진율 및 수익률 저하를 야기하는 주요 원인이며, 경제 성장의 뚜렷한 한계를 규정한다. 더욱이 일본 수출규제 사태에서 보듯이 기술을 더이상 사용하지 못하게 될 경우에는 마땅한 대안이 없다. 기술을 도입하고 첨단 제품을 양산하며 빠른 경제성장을 이루었으나, 우리에게 없었던 것은 바로 기술패권 의지라고 할 수 있다.

비유하자면, 한 학생이 수학 공식을 달달 외워 수학 문제를 빠르게 푸는 방법을 터득하여 성적을 올렸다고 하자. 그러나 그 수학 공식의 원리를 깊게 파고들지는 않았다. 쉬운 문제를 풀고 중위권 성적을 올리기에는 이미 알고 있는 공식만으로도 충분했고 그것으로 만족한 것이다. 그러나 원리응용의 고난도 문제가 나오자 도무지 풀 수가 없다. 그 문제야말로 변별력이 있고 그 문제로 인해 당락이 결정되는 데도 속수무책인 것이다.

공식암기 위주의 공부 방법은 고난도 문제에서 분명 한계를 드러냈고 전체 학업 상 한계에 봉착한다. 이 학생은 왜 이런 문제를 풀 수 없게 된 것일까? 이 학생은 원리를 이해할 시간도 부족했고 원리까지 탐구하고자 하는 의지나 필요성을 느끼지 못했을 것이다. 중위권 학생의 함정이라고 할 수 있다.

열쇠는 원천기술

우리나라의 상황이 이와 같다. 우리나라는 원천기술의 원리를 토

기술패권의지가 중재하는 기술혁신과 경제성장의 선순환고리

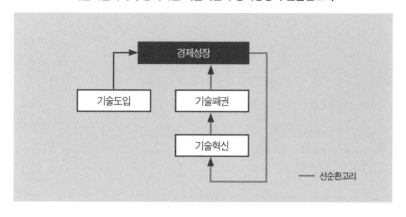

기술패권의지가 중재하는 기술혁신과 경제성장의 선순환고리

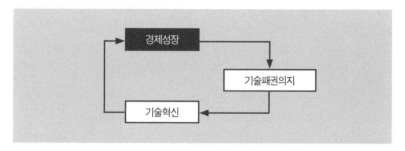

대로 응용연구를 하는 것이 아니라 제품 양산 목적으로 기술을 도입하여 생산라인에 적용하는 데 주력하였다.

양산기술 위주의 기술축적은 원천기술이라고 할 만한 것이 별로 없어 기술 경쟁력에서 밀릴 수밖에 없다. 기술종주국에 휘둘릴 수밖에 없다는 얘기다. 기술종속은 수익률 저하로 이어지고 기술혁신이 없는 경제는 결국은 성장의 한계에 부딪힌다. 이것이 1인당 소득과 무관한 진짜 중진국의 함정이다.

경제성장은 생산이 증가함에 따라 소비도 증가하고 궁극적으로는 국민소득이 계속적으로 증가하는 것이다. 한 개인의 경제와 크게 다르지 않다.

그러나 부동산 버블이나 정부의 경기부양책만으로는 단기간의 경제성장 효과는 있겠지만 지속가능한 경제성장의 고리를 만들 수 없다. 투기수요나 예산지원은 생산과 창의 활동이 아니기 때문에 경제성장이 기술혁신으로 이어지는 선순환시스템이 공존하지 않으면, 경제성장은 지속가능하지 않고 저성장의 늪에 빠지게 된다.

생산과 창의에 재투자되지 않는 경제성장은 화병의 꽃과 같은 신세다. 지속적 성장을 기대할 수 없다. 단기적 경제성장이라는 열매가 재투자처를 찾지 못하고 투기자본이나 지하경제로 숨어들어 정체되는 것이 기술패권 없는 국가의 숙명이다.

선순환되지 않는 현실의 단기적 풍요를 경제성장으로 오인하는 착시현상을 경계해야 한다. 기술력이 경제성장의 핵심이고 국력임을 인식하는 기술패권의지, 여기에 국민이 공감하고 정부가 앞장선다면 지속가능한 경제성장을 이룰 수 있다. 지속가능한 경제성장 메커니즘의 확보, 강국으로 가는 유일한 해법이다.

지속가능한 경제성장을 위한
지속가능한 기술혁신

지속가능한 기술혁신

지속적인 경제성장은 개인을 풍요롭게 또 국가를 더 강하게 만든다. '지속가능한' 경제성장을 위해서는 경제성장의 열매가 창의활동으로 재투자되는 선순환 고리가 필수적이다.

자본주의의 딜레마이기도 하지만, 생산의 증대는 더 많은 소비를 필요로 하기 때문에, 원가 절감이나 제품 개선과 같이 소비 수요 창출을 위한 기업의 노력은 필연적이다. 창의활동은 거시적인 국가연구개발 전략 하에 진행되어야 하며, 이를 통한 기술혁신은 생산과 소비의 증대를 가져온다.

기술혁신은 새로운 시장 개척을 위한 노력이나 전쟁·재해와 같은 비상상황, 또는 인위적 경기부양책이 없더라도 소비수요를 촉발시킬 수 있는 유일한 방법이다. 따라서 기술혁신이 지속 가능하다면 지속적인 경제성장이 가능하고 기술패권을 통한 강국의 반열에 오를 수 있게 된다.

기술혁신은 평화적인 유일한 경제성장 방안이라는 점에서 오늘의 우리가 왜 기술패권의지를 가져야 하는지를 충분히 설명한다. 따라서 지속가능한 경제성장을 위해서는 지속가능한 기술혁신이 필요하다는 결론에 이르게 된다.

오스트리아 학파의 경제학자 조셉 슘페터는 기업이 만들어내는 기술혁신의 효과를 '창조적 파괴'로 설명하면서, 경제성장은 공급구조와 수요구조 변화의 과정이며, 이중에서 기업의 기술혁신에 따르는 공급구조의 변화가 주도적인 역할을 한다는 경제발전론을 주창하였다.

또한 슘페터는 이윤은 혁신적 기업의 '창조적 파괴'로 인해 발생하는 것이며, 이것이 다른 기업에 의해 모방되는 과정에서 그 이윤은 소멸하고, 새로운 혁신 기업이 대두하고 이윤을 창출하는 과정이 반복된다고 보았다. 즉, 기술의 전이와 기술혁신 과정에서 이윤이 지속적으로 창출된다는 것이다.

우리는 기술혁신보다는 기술도입에 의한 양산 혁신을 이루어 속

기술혁신, 이윤발생, 창조적 파괴의 선순환고리

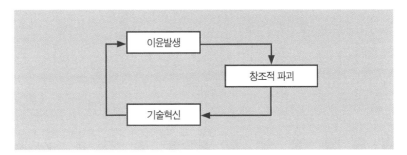

성의 경제성장을 이루었기 때문에, 기술혁신에 따른 공급구조의
혁신이라는 개념에 익숙하지 않다.

강대국이 되기 위해서는 기술혁신을 통한 공급구조의 혁신을 통
해 생산을 혁신하고 소비수요를 촉발함으로써 경제성장의 지속성
을 유지하는 것이 필수적이다.

2018년에 노벨경제학상을 수상한 경제학자 폴 로머(Paul Romer)
는 기업 내 혹은 국가 내의 내재적 연구개발(R&D) 역량이 경제성
장의 원동력이라는 내생적 성장이론으로 유명하다. 과거의 경제
성장은 토지와 노동, 자본이라는 요소 투입에 따라 이루어졌다면,
향후의 성장모델은 사람과 아이디어, 지식에 좌우된다는 것이다.

기업의 기술혁신은 공급구조의 변화를 일으켜 소비를 창출하고
기업에 이윤을 가져다준다. 내생변수인 기술역량을 토대로 한 기
술혁신이야말로 경제성장의 핵심동력인 것이다. 기술혁신은 기업
이 주체가 되는 것이지만, 이것이 가능하게 하기 위해서 정부는 국
가 연구개발 지원에 대한 통합 전략을 세워야 한다.

기술혁신을 위한 제도적 지원

과연 구체적으로 어떻게 해야 지속가능한 기술혁신이 가능할 것
인가? 정부는 기업에게 연구개발비용의 직접적 투자보다는 기초
기술의 지원과 제도적 지원 그리고 적재적소에의 예산지원 등 효
과적인 종합지원대책을 수립해야 한다.

여기서, 기술지원이나 예산지원은 연구개발시의 필요사항을 충
족하는 것이지 연구개발 자체에 대한 동기를 이끌기에는 미흡하

다. 특히 예산지원과 같이 일회성 유인책이 과도하게 계획될 경우, 소위 '예산 따먹기'라는 도덕적 해이가 발생하고 애초 지원 취지와 는 정반대의 결과도 발생할 수 있다.

따라서 기술혁신의 지속가능성을 결정하는 가장 핵심적 지원은 제도적 지원이다. 근본적으로 기업은 자발적인 동기를 갖고 활발 한 연구개발 활동을 할 수 있어야 한다. 여기서 가장 필요한 것이 제도적 지원인 것이다. 안정적으로 연구개발에 도전하고 그 결과 를 충분히 향유할 수 있도록 제도를 성숙시키는 것이 중요하다.

기업 간의 경쟁적 연구개발이 일어나도록 하기 위해서는 어떤 제도가 가장 필요할 것인가? 기업 A의 입장에서 1차 기술혁신은 순수한 개발과 혁신의지로 시작될 수 있다. 그러나 기술혁신 뒤에 는 반드시 타 기업의 모방이 따른다. 애써 연구개발한 성과로서 기 술혁신을 이루어 제품의 경쟁력을 확보하고 수익률을 개선할 수 있었다. 그러나 얼마 안 있어 경쟁 기업이 이 기술을 모방한다면 기업 A의 이윤은 타 기업의 무임승차로 인해 감소하고 이는 기업 의 위기 상황에까지 이를 수도 있다.

기업 A의 입장에서 이런 모방행위가 제도적으로 규제되고 기업 A의 이익이 보호되지 않는다면, 2차 기술혁신 의지는 꺾이고 말 것이다. 순수한 노력의 대가가 제도적으로 적절히 보장되어야만 동일한 패턴의 기술혁신은 반복될 수 있는 것이다. 이것이 지속가 능한 기술혁신의 열쇠이다.

특허 제도는 기술혁신의 대가를 보장하되, 그것이 과도하게 시장을 지배하여 오히려 후속적 기술혁신 활동을 저해하지 않도록 조절하면서 연구개발을 촉진하는 제도이다. 그것이 특허권에 보장되는 출원 후 20년간의 독점배타권이다. 특허권을 통해 기업은 자신의 노력의 대가를 빼앗길 걱정없이 안정적으로 누리고 보상을 받을 수 있다. 또한 경쟁기업은 특허기술을 이용하거나 참고하여 기술을 더욱 발전시킬 수 있다. 이와 같이, 특허 제도는 보상과 활용 간의 균형점을 각 국의 사정에 따라 잘 조율해 나갈 수 있다.

특허와 기술혁신

특허 제도가 튼튼하게 마련되고 실현되는 국가에서는 2차 기술혁신, 3차 기술혁신이 가능하다. 노력에 대한 보상이 확실하기 때문에 기업은 맘 놓고 기술개발에 매진할 동기가 부여된다. 또한 기술 모방과 경쟁이 매우 활발히 일어날 수 있다.

그러나 반대로 특허 제도가 부실하여, 권리를 제대로 보호받지 못하는 경우, 기업의 입장에서는 특허 제도는 있으나 마나 한 것이다. 연구개발 동기가 생기지 않을 것은 불 보듯 뻔한 이치다.

기술패권국일수록 특허 제도가 강력하게 기업의 특허권을 보호해주고 있다. 기술패권의지가 약한 국가일수록 특허 제도도 허약하다. 우리는 기술패권의지가 미흡하고 중진국의 함정에 빠져 있다. 그렇다면 우리의 경우 특허 제도는 튼튼할까? 불행히도 아니다. 기술패권의지가 약한 만큼 특허 제도도 미흡한 것이 우리의 현실이고 기술혁신에 대한 보상이 충분치 않다.

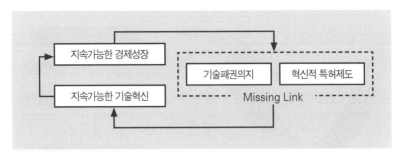

특허 제도, 기술패권의지, 지속가능한 기술혁신 간의 선순환고리

한국에서의 특허법 연혁은 어떠한가? 특허와 관련된 기록으로는 1882년 8월 23일 지석영의 상소가 있다. 그는 "기계를 만들거나 발명하는 자에게 '전매특허권'을 부여하여 과학기술을 진흥시켜야 한다."고 주장했다.

특허를 법령으로 보장하여 시행된 것은 1908년의 '대한제국 특허령'이다. 이것은 일본칙령 196호로 공표된 것으로, 최초의 특허 관련 법령이기는 하나 일본의 특허법령을 그대로 따라 시행하는 것이었다. 이후 1910년 한일 강제합방으로 일본 칙령 335호인 일본 특허법 등이 우리나라에 그대로 시행되었다. 해방 후에는 1946년 1월 미군정법령 91호로 특허법이 제정되어 공포되었는데, 미국의 특허법을 토대로 제정된 것이다.

우리의 독자적인 특허법은 1961년 12월 31일에 법률 950호 제정된 특허법이다. 이 특허법을 바탕으로 근대적 산업재산권법 체계를 갖추게 되었다. 이후, 산업발전과 국제조약, FTA 등을 반영하여 개정을 거듭하여 현재의 특허법에 이르고 있다.

우리나라는 외면상으로는 선진국 수준의 특허 제도를 갖추고

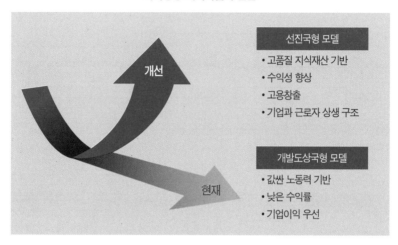

국가성장 패러다임의 전환

개선

선진국형 모델
• 고품질 지식재산 기반
• 수익성 향상
• 고용창출
• 기업과 근로자 상생 구조

개발도상국형 모델
• 값싼 노동력 기반
• 낮은 수익률
• 기업이익 우선

현재

있고, 특허의 양적 성장에 도취해 있다. 2018년 국제경영개발대학원(IMD) 보고서의 기술경쟁력 세부지표에 따르면, 우리나라의 출원인 국적별 특허출원 건수는 세계 4위이나, 지식재산권 보호정도는 37위에 불과하다. 이처럼 양적 성장과 질적 성장의 격차 해소가 우리의 최대 과제다.

기술패권의지와 특허 제도, 동전의 양면과도 같은 이 두 문제는 우리 경제의 미씽링크(Missing Link)이고 이를 해결하지 않고는 지속가능한 기술혁신은 불가능하다. 지속가능한 경제성장을 위한 지속가능한 기술혁신, 이는 다름 아닌 특허 제도에 많은 해답이 있다고 단언할 수 있다. 기술패권의지를 갖고 특허 제도를 개선할 때 우리는 지속가능한 기술혁신에 다가설 수 있다.

이하에서는, 우리의 특허 제도가 왜 질적 성장을 하지 못하고 무관심의 영역에 방치되어 있는지, 대체 무엇이 문제인지를 기술품

질, 출원품질, 심사품질로 구성되는 특허품질 관점에서 그 대안을
모색해 본다. 또한 이를 통합적으로 관장하는 거버넌스 체계 개편
에 대해 논한다.

2 /

특허제도 무엇이 문제인가

특허와 지식재산의
의의

무엇이 특허인가

특허에 대한 본격적인 이야기를 하기에 앞서 특허의 개념에 대해 간략히 살펴보기로 한다. 특허의 사전적 의미는 '특별히 허락함'이다. 그러나 법률적 의미의 특허는 "신규하고 진보된 발명을 비롯해 실용신안 또는 디자인을 등록하는 처분"을 포함한다. 여기서 실용신안이란 실용상의 편리를 위하여 물품의 형상, 구조 및 그 조합에 대한 새로운 기술적 고안을 한 것을 말한다.

특허의 기술분야는 특허청의 특허심사국 편제를 참고하여 살펴보더라도, 전기전자, 컴퓨터, 반도체, 통신, 디스플레이, 전자상거래, 전자부품, 방송미디어, 영상압축 기술, 유기화학, 약품, 에너지, 주거생활, 고분자섬유, 의료기술, 환경기술, 일반기계, 제어기계, 건설기술, 자동차, 정밀부품, 운송기계, 계측기술, 재료금속 분야와 함께 최근에는 4차 산업혁명 시대의 새로운 기술분야로서 인공지능(AI), 빅데이터, 전력기술과 통신네트워크, 바이오헬스케어, 지능형로봇, 자율주행, 식품 및 생물자원, 주거환경, 가전제품 등의 분야를 망라하고 있다. 최근에는 개별 기술분야들을 결합한 융복합 기술이 중요하게 대두하고 있고, 예전에는 특허의 대상으로 주목받지 못했던 영업방법(Business method)과 금융, 전자결재를 비롯한 인터넷상의 전자상거래 등이 새로운 기술분야로 등장해왔으며, 저작권법에 의한 보호에 한계가 있는 컴퓨터프로그램, 소프트웨어와 관련 발명에 대해서도 특허권에 의한 보호를 강화해 나가는 것이 최근의 추세다.

특허제도를 두는 목적은 특허법 제1조에서 규정하고 있다. 즉 "이 법은 발명을 보호 장려하고 그 이용을 도모함으로써 기술의 발전을 촉진하여 산업발전에 이바지함을 목적으로 한다."고 적시되어 있다. 이처럼 특허 제도의 존립 의의는 기술의 발전, 즉 혁신(innovation)을 통해 산업발전을 이루는 데 있다. 이러한 혁신을 촉발하는 수단은 특허받은 발명에 대해 특허권이라는 독점배타적 권리를 부여하여 보상체계를 확립함으로써 혁신에 대한 강력한 동기부여를 하는 데 있다. 그러나 여기에서 보상이라는 것은 단순히 특허증과 이를 통한 실적 채우기나 정부 기관 등 관에 의한 평가나 지원으로 이루어지는 것은 아니다. 특허 자체가 시장에서 제대로 보호받고 가치를 평가받아 초과이익을 실현할 수 있을 때 혁신을 위한 보상체계가 제대로 작동하고 있다고 말할 수 있다. 특허=혁신을 위한 강력한 보상이라는 단순한 원리가 제대로 작동되느냐에 특허제도의 성패가 달려있다고 할 수 있는 것이다.

특허에는 이처럼 보상으로서 강력한 독점권이 주어지는 만큼 특허를 인정받기 위해서는 몇 가지 요건이 필요하다. 산업상 이용 가능해야 하고, 출원 전에 이미 알려진 기술이 아닌 신규한 기술이어야 하고, 공지된 선행기술과 다른 것이라 해도 그 선행기술로부터 쉽게 생각해낼 수 없는 진보된 것이어야 한다. 이를 특허요건으로서의 '산업상 이용가능성', '신규성', '진보성'이라고 한다.

특허를 받기 위해서는 특허 출원이 필수적이다. 우리나라에서는 선출원주의를 채택하고 있어 타인의 발명을 모방한 무권리자의 출원이 아니고 신규성 상실 등 다른 거절이유가 없는 한 발명 시기와 무관하게 원칙적으로 특허청에 먼저 출원한 발명에 특허권이 인정된다. 특허 신청 시기와 관련해서 재미있는 일화가 전해진다. 전화 발명에 대한 특허 이야기이다.

전화는 그레이엄 벨이 발명한 것으로 알려져 있다. 벨이 특허를 신청한 날은 1876년 2월 14인데, 공교롭게 같은 날 엘리샤 그레이라는 사람도 전화 특허를 신청했다. 특허 심의를 맡은 미국 특허국은 같은 날 두 사람의 전화 특허 신청이 별도로 되었다는 사실을 확인하고 재판을 통해 먼저 신청한 쪽을 가리도록 했다. 재판 결과 벨이 2시간 먼저 신청했다는 사실을 확인하고 벨에게 전화 특허를 내주었다. 세간의 평가는 벨의 발명품은 그레이가 발명한 전화에 비해 음질이 떨어진다는 것인데, 어쨌든 벨의 특허가 받아들여져 벨은 세계 최초의 전화 발명자의 지위를 얻게 되었다.

그런데 그로부터 125년이 지난 2002년에 미국 의회는 벨보다 앞서 1849년에 이탈리아인인 안토니오 무치가 최초로 전화를 발명했다고 인정하였다. 무치는 전화를 발명했지만 이를 알릴만한 여건이 되지 못했다고 한다. 무치는 비용 문제로 전화기에 대해 임시 특허출원만 했지 정식 특허출원을 하지 못했다. 최근에 전화의 최초 발명자로서 명예는 되찾아왔지만 상업화에는 실패해서 벨처럼 사업적으로 성공하지는 못했다. 우리로서는 의회에서 이런 것도 다루는지 의아스럽기도 한데, 달리 생각하면 미국 사회가 특허를 얼마나 중요시 여기는지를 엿볼 수 있는 대목이기도 하다.

특허는 일단 등록하게 되면 우리나라의 경우 출원일로부터 20년간 효력이 유지된다. 그리고 특허권은 특허 등록된 국가 내에서만 효력을 발휘하기 때문에 사용하고자 하는 국가마다 특허 등록을 해야 특허권이 보장된다. 즉, 특허는 속지주의에 따른다. 따라서 외국에서 특허권을 행사하려면 해당 국가의 특허를 받지 못하면 무용지물이다. 특허를 받지 못한 국가에서는 그 기술은 누구나 사용할 수 있는 공개된 기술이 되는 것이다. 후술하겠지만 우리나라는 특허의 수량은 많아도 외국에서 특허를 받는 비율은 매우 떨어져 산업경쟁력에서 취약성을 보이고 있다.

실용신안

특허와 유사한 개념으로 몇 가지를 비교할 필요가 있다. 먼저 실용신안이다.

실용신안은 '자연법칙을 이용한 기술적 사상의 창작'이라는 점은 특허와 동일하다. 그러나 실용신안은 특허에 비해 '고도성'을 요하지 않는다는 점에서 차이가 있고 이로 인해 진보성 판단의 기준이 특허에 비해서는 낮은 편이다. 또한 특허는 '존속기간'이 출원일로부터 20년인 반면, 실용신안은 그 절반인 출원일로부터 10년에 불과하다는 점에서 차이가 있다.

보호대상에 있어서 실용신안법상 고안은 물품의 형상, 구조, 조합이라는 일정한 형태로 구현될 것을 요구한다(실용신안법 제4조제1항). 따라서 형상, 구조 또는 조합이 아닌 방법, 제조방법, 조성물, 합금, 화합물 등 물질, 시퀀스(sequence), 기능, 컴퓨터프로그램, 게임프로그램(장치, 게임기는 가능), 일정한 형상 또는 구조가 없는 것(토양, 점토, 액체, 분체 등)은 실용신안의 보호대상이 아니다. 이들에 대한 발명은 실용신안이 아닌 특허로 출원해야 보호가 가능하다.

그러나 최근 우리나라의 실용신안 출원은 활발하지 않은 편이다. 2019년 기준 특허 출원은 218,793건이었으나, 실용신안 출원은 5,406건에 그쳐 점유율이 매우 저조하고, 해마다 줄어드는 추세이다. 2005년 실용신안출원이 36,945건에 이르렀던 것에 비하면 거의 7분의 1 수준으로 줄어든 것이어서 과연 실용신안 제도를 유지해야 하는가에 대한 의문이 제기되고 있다. 특허청 심사과정에서 등록요건인 '진보성' 판단시 실용신안은 특허와 실질적으로 큰 차이가 없어 등록을 받기가 여전히 까다로운 반면, 존속기간은 특허에 비해 절반에 불과하기 때문에 기업 등 출원인들로서는 같은 기술이면 특허출원을 하는 것을 선호하고 실용신안출원은 외면하고 있기 때문이다.

이에 반해 중국의 경우에는 실용신안이 중요한 비중을 차지한다. 2016년 실용신안 출원 건수 147만 6천 건으로 특허 출원 133

만 9천 건보다도 많다. 중국에서 실용신안은 실질심사 없이 등록되나 진보성 판단기준이 낮아 무효도 쉽지 않은 것으로 평가된다. 일례로, 슈나이더 일렉트릭(Schneider Electronic)은 중국에서 실용신안권 침해혐의로 한화 약 600억 원의 손해배상청구를 받았는데, 몇 년의 소송 끝에 결국 상당한 액수로 합의하였다.

이러한 중국 등의 사례와 현재의 제도 운영실태에서 볼 때, 실용신안 제도는 개인과 중소 벤처기업 등의 소발명을 보호하여 창의와 혁신을 고취하고 산업발전을 도모한다는 본래의 취지에 맞게 보호대상을 확대하고 등록요건을 완화하여 운영하도록 개선할 필요가 있다.

상표와 디자인

상표(商標, Trademark)는 상품 또는 영업(서비스)의 식별 표지에 대한 권리이다. 지적 창작이라기보다는 '표지의 선택'과 그에 화체된 '신용(goodwill)'을 보호하기 위한 권리이다. 물론 상표 가운데에서도 새로운 조어상표나 도형 등으로 디자인된 상표에는 아이디어의 창안이라는 요소가 들어있기는 하다.

상표법에 따르면 상표는 자기의 상품(지리적 표시가 사용되는 상품의 경우를 제외하고는 서비스 또는 서비스의 제공에 관련된 물건을 포함한다)과 타인의 상품을 식별하기 위하여 사용하는 표장(標章)(상표법 제2조 제1호)으로 정의된다. '표장'이란 "기호, 문자, 도형, 소리, 냄새, 입체적 형상, 홀로그램·동작 또는 색채 등으로서 그 구성이나 표현방식에 상관없이 상품의 출처를 나타내기 위하여 사용하는 모든 표시"(상표법 제2조 제2호)를 뜻한다. 상표법상 상표에는 다양한 종류의 상품에 표시하여 사용하는 상표(trademark)와, 무형의 서비스에 표시하여 사용하는 서비스표(service mark), 상품 또는 서비스를 제공하는 법인 또는 그 소속 단체원이 사용하는 단체표장(collective mark), 상품의 특정 품질, 명성 등의 특성이 본질적으로 특정 지역에서 비롯된 경우 그 지역에서 생산, 제조, 가공된 상품임을 나타내는 지리적 표시(geographical indication), 상품의 품질, 원산지, 생산방법 등의 특성을 증명하고 관리하는 것을 업으로 하는 자가 타인의 상품의 해당 특성을 증명하는 데 사용하는 증명표장(certification mark), 비영리 목적의 업무를 하는 자가 그 업무를 나타내기 위하여 사용하는 업무표장(business emblem) 등이 있다. 또한 상표의 구성 형태에 따라 단순 문자상표, 도형상표, 색채상표, 평면상표, 입체상표, 동작상표, 냄새상표, 소리상표 등이 있다. 상표권의 존속기간은 등록일로부터 10년이며, 계속하여 10년씩 갱신 가능하므로 사실상 영구적 권리가 될 수도 있다.

디자인(Design)은 종래 의장(意匠)이라고 칭했던 개념이다. 물품의 '미적 외관'의 창작이 보호대상이다. 「디자인보호법」에 따르면, 디자인이란 물품의 형상, 모양, 색채 또는 이들을 결합한 것으로서 시각을 통하여 미감을 일으키게 하는 것을 말한다(디자인보호법 제2조 제1호). 디자인을 보호받기 위해서는 물품성, 형태성, 시각성, 심미성 등의 성립요건과 함께 신규성, 창작성 등이 등록요건의 충족이 요구되며, 디자인권 보호기간은 설정등록일부터 발생하여 출원일로부터 20년이다. 디자인에는 디자인심사등록 디자인, 디자인 일부심사등록 디자인, 관련디자인, 한 벌 물품 디자인, 비밀디자인, 복수디자인 등과 같이 전부 또는 일부 심사여부, 기본디자인과의 관계, 세트 물품 여부, 비밀디자인 신청 여부 등에 따라 다양한 형태의 디자인등록이 있다.

이러한 특허 또는 실용신안과 상표, 디자인은 별개의 물품에 각각 독립적으로 존재할 수도 있지만, 동일한 창작 물품에 중첩되어 존재할 수도 있다. 즉, 동일한 창작 물품에 특허 또는 실용신안과 상표, 디자인의 보호대상이 동시에 존재할 수도 있는 것이다. 예컨대, 스마트폰에서 부품과 전체 완성품, 통신 방법 등의 기술적 아이디어는 특허, 제품의 외관은 디자인과 상표, 「부정경쟁방지 및 영업비밀보호에 관한 법률」에서 규정하는 상품형태, 브랜드는 「상표법」상의 상표와 「부정경쟁방지 및 영업비밀보호에 관한 법률」에서 규정하는 상품 또는 영업표지, 제품설명서 등은 저작권으로서 보호대상이 된다. 구체적으로, 스마트폰에 사용하는 앱과 이를 표시하는 아이콘 (UI)에서 앱은 특허와 컴퓨터프로그램으로서 저작권의 보호대상이 될 수 있고, 그 아이콘(UI)은 상표와 화상디자인 또는 디지털 콘텐츠로 보호가 가능하고 독립적 예술적 가치가 있는 경우 미술저작물로도 보호될 수 있다. 따라서 새로운 기술에 대한 발명 또는 창작을 한 경우에는 특허와 실용신안, 상표, 디자인 또는 다른 지식재산권 중 어떤 권리로 보호할 것인지, 또는 이들 권리로 동시에 보호대상으로 할 것인지를 정확히 검토, 판단하여 보호조치를 취해야 한다.

더욱이 특허, 실용신안, 상표, 디자인은 저작권 및 신지식재산권 영역과도 밀접하게 연관되거나 중첩적으로 존재하고 있어 이에 대한 검토도 동시에 요구된다.

저작권과 지식재산권

우리나라 지식재산기본법(제3조)은 지식재산 등에 대해 이렇게 규정하고 있다.

> 1. "지식재산"이란 인간의 창조적 활동 또는 경험 등에 의하여 창출되거나 발견된 지식·정보·기술·사상이나 감정의 표현, 영업이나 물건의 표시, 생물의 품종이나 유전자원(遺傳資源), 그 밖에 무형적인 것으로서 재산적 가치가 실현될 수 있는 것을 말한다.
> 2. "신지식재산"이란 경제·사회 또는 문화의 변화나 과학기술의 발전에 따라 새로운 분야에서 출현하는 지식재산을 말한다.
> 3. "지식재산권"이란 법령 또는 조약 등에 따라 인정되거나 보호되는 지식재산에 관한 권리를 말한다.

앞에서 살펴본 특허, 실용신안, 상표, 디자인 등은 산업재산권으로 분류되는데, 지식재산은 여기에다 저작권과 신지식재산권도 포괄하여 일컫는 개념이다.

저작권은 지적 창작으로서 문화적, 예술적 창작에 대한 저작자의 권리와 인접하는 권리를 보호하기 위한 것으로서 저작권도 정보기술 등의 발전에 따라 디지털 저작물 등 새로운 문화기술(CT: culture technology) 영역이 주목받고 있다. 이에 따라 저작권법의 목적도 종래에는 문화발전만을 목적으로 하고 있었으나, 문화 및 관련 산업의 발전에 이바지하는 것으로 목적이 확대되었다.

저작권은 공표권, 성명표시권, 동일성유지권 등의 저작인격권과 복제권, 공연권, 공중송신권, 전시권, 배포권, 대여권, 2차적 저작물 작성권 등의 저작재산권으로 나누어지고, 배타적 발행권과 출판권, 배우, 가수 등의 실연자와 방송사업자, 음반제작자의 권리인 저작인접권 등도 저작권법에 의해 보호된다. 또한 컴퓨터프로그램과 데이터베이스와 같은 신지식재산권도 저작권으로 보호된다. 이러한 컴퓨터프로그램저작물 외에, 저작권법상 보호받은 저작물에는 어문저작물, 음악저작물, 연극저작물, 응용미술저작물 및 미술저작물, 건축저작물, 사진저작물, 영상저작물, 도형저작물 등이 있다.

특히, 응용미술저작물은 물품에 동일한 형상으로 복제될 수 있고 그 이용된 물품과 구분되어 독자성을 인정할 수 있는 것을 말하며, 디자인 등을 포함하므로(저작권법 제2조 제15호), 응용미술저작물은 물품에 구현되고 신규성과 객관적 창작성 등의 요건을 충족하는 경우 디자인보호법에 의한 디자인으로서 중복 보호를 받는 것도 가능하다. 또한 캐릭터 등의 미술저작물은 독립적 예술적 가치를 가지는 경우 저작권으로서의 보호와 함께, 물품에 적용되는 경우에는 디자인으로, 상품에 출처표지로서 사용하는 경우에는 상표등록을 통해 상표로서도 보호가 가능하다. 저작권은 저작자 사후 70년, 디자인권은 설정등록한 날로부터 발생하여 출원일 후 20년까지 보호가 가능한 반면, 상표권은 설정등록일로부터 10년간 존속하고 계속 사용시 10년씩 갱신등록할 수 있어서 사실상 권리가 영구적이라는 점에서 차이가 있다.

신지식재산권

또한 최근 사회가 정보통신기술의 발전과 4차 산업혁명의 대두로 급격히 변모함에 따라 새로운 개념의 신지식재산권(Emerging IP Rights)이 등장해 왔다. 어떤 것이 있는지 살펴보기로 한다.

'컴퓨터프로그램저작권'은 위에서 살펴본 바와 같이 저작권법 제5장의 2 프로그램에 관한 특례에 따라 보호받는 신지식재산권이다. 다만, 저작권법은 아이디어가 아닌 그 표현을 보호대상으로 하므로(아이디어/표현 이분법; idea/expression dichotomy), 컴퓨터프로그램저작물은 컴퓨터언어로 기술된 어문저작물로서 그 표현(expression)만 보호될 뿐 그 아이디어(idea) 자체는 보호받지 못한다. 제3자가 그 아이디어를 차용하여 다른 표현으로 컴퓨터프로그램저작물을 작성할 경우 권리가 미치지 못하는 결과가 될 수 있다. 따라서 컴퓨터프로그램저작물에서 새로운 기술적 아이디어가 있는 경우, 이에 대해서는 특허로 보호해야만 타인이 아이디어를 도용하는 것을 방지하고 보다 넓은 보호를 받을 수 있다. 이처럼 컴퓨터프로그램 창작시에는 저작권과 함께 특허권 보호를 동시에 검토하여 특허출원과 등록을 통한 권리보호 조치를 취해야 권리보호의 실효를 거둘 수 있다.

반도체의 집적회로의 배치설계에 관한 '반도체집적회로배치설계권'이 있다. 1992년에 「반도체집적회로의 배치설계에 관한 법률」이 제정되어 이를 보호하고 있다. '반도체집적회로'란 반도체

재료 또는 절연(絕緣) 재료의 표면이나 반도체 재료의 내부에 한 개 이상의 능동소자(能動素子)를 포함한 회로소자(回路素子)들과 그들을 연결하는 도선(導線)이 분리될 수 없는 상태로 동시에 형성되어 전자회로의 기능을 가지도록 제조된 중간 및 최종 단계의 제품을 말하며, '배치설계'란 반도체집적회로를 제조하기 위하여 여러 가지 회로소자 및 그들을 연결하는 도선을 평면적 또는 입체적으로 배치한 설계를 말한다(「반도체집적회로의 배치설계에 관한 법률」 제2조 1, 2호). 반도체집적회로의 배치설계에 관한 법률은 특허청 소관 법률로서, 등록신청과 거절, 설정등록 및 공시, 권리의 효력, 전용이용권과 통상이용권 등의 절차적, 실체적 규정들이 특허법 규정과 체계를 준용하고 있다.

'영업비밀'(Know-how or trade secret)도 지식재산권이다. 영업비밀이란 공공연히 알려져 있지 아니하고 독립된 경제적 가치를 가지는 것으로서, 비밀로 관리된 생산방법, 판매방법, 그 밖의 영업활동에 유용한 기술상 또는 경영상의 정보에 대한 권리 인정이다(「부정경쟁방지 및 영업비밀보호에 관한 법률」 제2조 제2호). 영업비밀의 부당취득, 사용, 공개 및 누설 행위는 부정경쟁행위로서 민·형사적 제재를 가할 수 있다. 다만, 영업비밀의 '경제적 가치'와 '비밀성' 등은 권리자가 이를 입증해야 하므로 입증의 어려움이 있을 수 있다. 여기에서 '비밀성'은 특허법상 발명의 보호 요건인 신규성과 진보성의 지속을 전제하는 개념이다. 영업비밀은 거래에 의하여 영업비밀을 정당하게 취득한 자가 그 거래에 의하여 허용된 범위에서 영업비밀을 사용하거나 공개하는 행위 등 선의자에 의하여 영업비밀이 공개된 경우 보호가 어려울 수 있다는 한계가 있다. 또한 영업비밀로 유지하는 동안 타인이 동일 또는 동일성이 있는 기술 등에 대하여 특허출원을 하여 특허권을 획득하는 경우 선사용권 등을 입증하지 못하는 경우 대처가 어려울 수 있다. 따라서 새로운 기술과 발명을 한 경우 이를 영업비밀로 보호할 것인가 또는 특허로 보호할 것인가에 대해 상품과 영업의 특성과 수명, 경쟁자의 상황 등을 고려하여 전략적으로 판단하여 결정해야 한다.

'트레이드 드레스'(trade dress)는 물품의 크기, 형태, 색깔 및 그 조합, 질감 등의 전체적 이미지에 대한 권리인데, 마찬가지로 지식재산권이다. 트레이드 드레스는 상표와 디자인이 중첩되는 영역으로서 쉽게 말하면 제품의 디자인이 상표처럼 상품 또는 영업출처 표지로서 식별력을 발휘하는 경우에 주어지는 권리이다. 삼성과 애플 간의 특허분쟁에서 이슈가 된 바 있는데, 애플이 소장에서 트레이드 드레스 침해를 주장했는데 삼성의 담당자들이 처음에는 트레이드 드레스의 개념을 정확하게 이해하지 못해 당황했다는 이야기가 있다. 트레이드 드레스는 우리나라에서는 상표법상 입체상표로 등록받은 경우, 또는 「부정경쟁방지 및 영업비밀보호에 관한 법률」에 의해 상품형태가 단순한 미적 디자인을 넘어 상품출처 표지로서 주지성을 획득한 경우나 타인의 상품형태 모방(dead copy) 등의 경우에 보호받을 수 있다.

'데이터베이스'는 소재를 체계적으로 배열 또는 구성한 편집물로서 그 소재를 개별적으로 접근 또는 검색할 수 있도록 한 것이다. 데이터베이스 제작자에게는 그 제작을 완료한 때로부터 5년간 전부 또는 상당한 부분을 복제, 배포, 방송 또는 전송할 권리를 부여한다(「저작권법」 제93조 및 제95조).

'콘텐츠'는 부호·문자·도형·색채·음성·음향·이미지 및 영상 등(이들의 복합체를 포함한다)의 자료 또는 정보이다. 「콘텐츠산업진흥법」에 따라 일정한 사항의 표시를 요건으로 최초 제작하여 표시한 날부터 5년 동안 정당한 권한 없이 타인이 상당한 노력으로 제작하여 표시한 콘텐츠의 전부 또는 상당 부분을 복제, 배포, 방송 또는 전송하거나 기술적 보호조치를 무력화함으로써 경쟁사업자의 영업 이익을 침해하는 행위로부터 보호한다. 이러한 콘텐츠는 「디자인보호법」에 의한 화상디자인, 상표, 또는 「저작권법」상의 저작물로도 중첩적으로 보호될 수 있다.

'지리적 표시'도 신지식재산권이다. 지리적 표시는 TRIPs(무역관련 지식재산권 협정) 규정에 따라 국내에서도 농수산물품질관리법에 의해 지리적 표시(농수산물 및 그 가공품의 명성, 품질 그 밖의 특징이 본질적으로 특정지역의 지리적 특성에 기인하는 경우 당해 농수산물 및 그 가공품이 그 특정지역에서 생산, 제조 및 가공되었음을 표시하는 것)로 등록하여 보호받을 수 있다. 상표법에서는 공동설립 법인의 명의로 '지리적 표시 단체표장'을 출원 등록하여 보호받을 수 있다. 상표법상 '지리적 표시'란 상품의 특정 품질, 명성 또는 그밖의 특성이 본질적으로 특정 지역에서 비롯된 경우에 그 지역에서 생산, 제조 또는 가공된 상품임을 나타내는 표시이다. 경기도의 가평잣, 안성포도, 이천도자기, 이천쌀, 강화화문석, 강화인삼, 강릉초당순두부, 진부령황태, 춘천닭갈비, 춘천막국수, 금산인삼, 서산육쪽마늘, 음성고

추, 충주사과, 고창복분자, 영광굴비, 보성녹차, 제주갈치, 제주감귤 등과 같은 것이 있다. 지리적 표시는 한-EU FTA 과정에서 유럽 측에서 집중적으로 보호를 요구한 사항이기도 하다.

「농수산물품질관리법」에서는 제3장 제32조부터 제55조 등에 이르기까지 지리적 표시의 등록, 지리적표시권, 권리행사, 무효심판과 취소심판, 거절결정불복심판, 재심 및 소송과 심결취소소송 등에 대해 규정하고 있는데, 대부분 특허법과 상표법 규정 등을 대거 준용하거나 체계를 같이 하고 있다. 또한 상표법 제34조 제1항 제18호에서는 '농수산물품질관리법 제32조에 따라 등록된 타인의 지리적 표시와 동일, 유사한 상표로서 그 지리적 표시를 사용하는 상품과 동일하다고 인정되는 상품에 사용하는 상표'를 상표등록의 거절사유로 규정하고 있다. 농수산물품질관리법 제32조 제9항 제2호에서도 상표법에 따라 먼저 출원되었거나 등록된 타인의 상표와 같거나 비슷한 경우를 거절사유로 규정하고 있다. 따라서 지리적표시에 대해서는 농수산물품질관리법에 의한 지리적표시 등록과 상표법에 의한 보호를 동시에 검토하고 상호 저촉규정 등도 고려하여 보호전략을 세울 필요가 있다. 또한 농수산물품질관리법은 지리적 표시의 등록을 대리할 수 있는 전문가에 대한 규정이 없는 바, 농수산물품질관리법의 지리적 표시는 상표법상의 상표등록과 밀접하게 관련되어 있는 만큼 상표법 등 지식재산권 전문가인 변리사들이 관련 업무를 수행할 수 있도록 하는 것이 타당하다.

'식물신품종에 대한 품종보호권' 역시 신지식재산권이다. 「식물신품종보호법」에서 보호를 규정하고 있다. 여기에서 '품종'이란 식

물학에서 통용되는 최저분류 단위의 식물군으로서 식물신품종보
호법 제16조에 따른 품종보호 요건을 갖추었는지와 관계없이 유
전적으로 나타나는 특성 중 한 가지 이상의 특성이 다른 식물군과
구별되고 변함없이 증식될 수 있는 것을 말하고, '품종보호권'이란
같은 법에 따라 품종보호를 받을 수 있는 권리를 가진 자에게 주는
권리를 말한다(식물신품종보호법 제2조 제2호, 제4호). 식물신품종보호
법은 재외자의 품종보호관리인, 대리권의 범위와 증명, 절차와 기
간 등이 특허법과 거의 동일하거나 제15조 등에서 특허법 조문을
대거 준용하고 있고, 품종보호 요건도 신규성, 구별성, 균일성, 안
정성 등을 요구하고 있어 특허법상 특허요건인 신규성 및 진보성
요건과 동일하거나 비슷하다. 이외에, 출원과 심사, 품종보호결정,
거절결정 및 불복 절차, 품종보호권의 발생과 존속기간, 효력, 심판
및 소송 등의 절차가 특허법상의 절차와 동일하거나 특허법의 규
정을 대거 준용하고 있다. 그리고 식물신품종에 대해서는 식물신
품종보호법에 의한 품종보호등록 출원과 함께 특허법에 의한 식
물특허 출원을 동시에 검토하여 보호를 강구할 필요가 있다. 식물
신품종 보호법에 따른 품종보호 절차 역시 특허법의 체계를 대거
따르거나 준용하고 있고 동일, 유사한 절차를 채택하고 있으며 식
물특허로의 보호를 동시에 고려할 필요가 있음에도 불구하고 이
를 수행할 수 있는 전문인력에 관한 규정이 사각지대로 방치되어
있다. 독일 등의 사례처럼 마땅히 특허를 다루는 변리사들이 식물
신품종 보호법에 따른 품종보호 절차에 관한 업무도 수행할 수 있
도록 변리사법을 신속히 개정할 필요가 있다.

그 밖의 신지식재산권

'퍼블리시티권'(Right of Publicity)은 사람의 성명, 초상, 목소리, 서명, 이미지 등 동일성을 나타내는 것을 상업적으로 이용하거나 그 이용을 허락할 수 있는 권리로서(헌법상의 행복추구권과 인격권 법리에 의하여 보호) 이 역시 신지식재산권이다.

'인터넷 도메인 이름'은 인터넷상의 숫자로 된 주소에 해당하는 숫자, 문자, 기호 또는 이들의 결합에 대한 권리로 역시 신지식재산권이다. 선입 선등록의 원칙이 적용된다. 이는 「인터넷주소자원에 관한 법률」과 함께 「상표법」, 「부정경쟁방지 및 영업비밀보호에 관한 법률」 등으로 규율된다. 「인터넷주소자원에 관한 법률」 제12조 1항 및 2항에 의하면 누구든지 정당한 권원이 있는 자의 도메인이름 등의 등록을 방해하거나 정당한 권원이 있는 자로부터 부당한 이득을 얻을 목적으로 도메인이름 등을 등록하여서는 아니되며, 정당한 권원이 있는 자는 이를 위반하여 도메인이름 등을 등록한 자에 대하여 법원에 그 도메인이름 등의 등록말소를 청구할 수 있다. 정당한 권원이 없는 자가 상표 등 표지에 대하여 정당한 권원이 있는 자 등에게 판매하거나 대여할 목적 또는 정당한 권원이 있는 자의 도메인 등록 및 사용을 방해할 목적으로 도메인 이름을 등록, 보유, 이전 또는 사용하는 행위는 「부정경쟁방지 및 영업비밀보호에 관한 법률」 제2조 제1호 아목에서 규정하는 부정경쟁 행위가 되어 금지청구, 손해배상 등의 민사적 책임을 질 수 있다. 또한 도메인이름의 등록 및 사용 형태가 타인의 등록상표권을 침해하는 경우에는 상표법에 의한 민·형사상의 책임을 질 수 있다.

이처럼 도메인이름도 「인터넷주소자원에 관한 법률」과 「상표법」, 「부정경쟁방지 및 영업비밀보호에 관한 법률」이 교차하는 영역이며 변리사와 같이 상표법과 이들 지식재산권법에 대한 지식과 전문성을 동시에 갖추어야 대응할 수 있는 분야이고, 현실적으로도 변리사들이 이에 대한 활동들을 수행하고 있다.

「유전자원에 대한 접근 및 그 이용으로부터 발생하는 이익의 공정하고 공평한 공유에 관한 생물다양성에 관한 협약 나고야 의정서」의 발효에 따라 제정되어 2019년 6월 25일부터 시행된 「유전자원의 접근·이용 및 이익 공유에 관한 법률」에 의하면 유전자원 및 이와 관련된 전통지식도 최근 중요하게 대두하고 있는 신지식재산권의 범주에 속한다고 할 수 있다. 여기에서 '유전자원'이란 「생물다양성 보전 및 이용에 관한 법률」 제2조 제4호의 유전자원을 말하며[2], '전통지식'이란 유전자원의 보전과 지속가능한 이용에 적합한 전통적인 생활양식을 유지하여 온 개인 또는 지역사회의 지식, 기술 및 관행(慣行) 등을 말한다(「유전자원의 접근·이용 및 이익 공유에 관한 법률」 제2조 제1, 2호). 위 법률에 따르면, 국내 유전자원등의 이용을 목적으로 접근하려는 외국인, 재외국민, 외국기관 및 국제기구와 그 밖에 이에 준하는 자로서 환경부령으로 정하는 자는 대통령령으로 정하는 바에 따라 국가책임기관의 장에게 신고하여야 하고, 유전자원등의 제공자 및 이용자는 국내 유전자원등의 이

---

2   생물다양성 보전 및 이용에 관한 법률 제2조 제4호에서는 "'유전자원'이란 유전(遺傳)의 기능적 단위를 포함하는 식물·동물·미생물 또는 그 밖에 유전적 기원이 되는 유전물질 중 실질적 또는 잠재적 가치를 지닌 물질을 말한다"고 규정하고 있다.

익을 공정하고 공평하게 공유할 수 있도록 합의하여야 한다(제9조 및 제11조).

또한 해외 유전자원등에 접근하여 국내에서 이용하려는 자는 제 공국에서 정한 절차를 준수하여야 하며, 해외 유전자원등의 이익을 해당 유전자원등을 제공한 자와 공정하고 공평하게 공유하도록 노력하여야 한다(제14조 제1항 및 제2항). 그리고 해외 유전자원등에 접근하여 국내에서 이용하려는 자는 제14조 제1항에 따른 절차를 준수하였음을 대통령령으로 정하는 바에 따라 국가점검기관의 장에게 신고하는 등의 절차를 준수하여야 한다(제15조). 유전자원과 관련해서는 중국, 인도, 브라질 등이 유전자원 제공 강국으로서 각국에서 조약 비준과 함께 법률들이 발효되고 유전자원 접근에 대한 이익공유가 현실화되면 특허 등에 못지않은 강력한 권리가 될 것으로 예상되고 있으며, 이에 따라 특히 바이오산업 관련 기업들은 대책 마련에 부심하고 있다.

또한 생물다양성협약 제16조 제5호는 "체약당사자는 특허권 및 그 밖의 지적소유권이 이 협약의 히행에 영향을 미칠 수 있음을 인정하고, 이러한 권리가 이 협약의 목적을 지원하고 이 협약의 목적에 반하지 아니하도록 보장하기 위하여 국내 입법 및 국제법에 따라 협력한다"고 규정하고 있다. 이를 위해 채택된 가이드라인에서는 유전자원 등이 지식재산권에 적용된 경우 유전자원 원산지, 토착 지역사회의 전통지식, 혁신 및 관행의 출처공개를 장려하는 조치를 취하도록 하고 있다. 이에 따라 중국에서는 특허출원 서류에 유전자원의 직접 출처 및 최초 출처를 기재하지 않은 경우 거절, 무효사유가 되도록 하고 있고, 인도에서는 생물학적 물질이 발명에 사용된 경우 제공처와 지리적 출처를 공개하도록 요구하고 위반시 이의신청과 등록 취소사유가 되도록 하고 있어, 해외 특허 출원시 해당 국가에서 유전자원의 출처공개 의무화 규정 존재 여부와 범위, 방식 등을 유의할 필요가 있다. 유전자원에 대해서도 관련 지식재산권과의 연계 속에서 전문가의 확보와 대응역량을 구축할 필요성이 제기되는 이유다.

이와 관련하여 대한변리사회는 환경부 국립생물자원관과 변리사들을 중심으로 한 전문가 양성교육을 실시하고, 2019년 4월 3일에 환경부, 농림축산식품부, 산업통상자원부, 보건복지부, 해양수산부 등 5개 정부부처와 공동업무협약을 체결하고 '유전자원 이익공유(ABS; Access and benefit-sharing) 법률지원단'을 발족하여 기업 자문 등 활동을 수행해 오고 있다.

이처럼 지식재산권은 실제 사례에서는 단독으로만 존재하는 것이 아니라 1개의 대상에 특허 등 산업재산권과 저작권, 신지식재산권 영역이 권리의 다발(bundle of rights)로서 중첩적으로 존재하며, 따라서 지식재산권 전체를 종합적으로 이해하고 파악할 수 있는 시각과 법적 지식이 요구된다. 이러한 지식재산권에 대한 종합적, 총체적 접근법에 의해서만 온전하고도 누락이 없는 해결책을 찾을 수 있다. 특허 등 전통적 산업재산권에 대한 지식을 바탕으로 저작권, 신지식재산권을 종합적으로 다룰 수 있는 지식재산권 전문가가 필요한 이유이다.

특허의 유래

특허의 영문표기는 'patent'이다. 14세기에 영국 국왕이 특허권을 줄 때 개봉된 문서를 주었다고 하고 이를 'letters patent'(개봉된 문서)라고 했다. 개봉을 뜻하는 patent가 이후 특허권으로 의미가 전용되었다. 그리고 특허 업무를 대행하는 사람을 'patent attorney'라고 하는데, 곧 '변리사'이다.

역사적으로 특허의 효시라 할 수 있는 것은 1474년 3월 19일 제정된 이탈리아의 베니스 특허법(Venetian Patent Law)이다. 특허권이라는 독점권을 부여하는 산업재산권 제도를 최초로 체계화하였다. 이후 1550년까지 약 100여 건의 특허가 부여되었고, 갈릴레오 갈릴레이도 1594년 '양수·관개용 장치'를 특허등록 받았다. 이때 특허는 실용성과 신규성이 있는 새로운 기술이나 기계의 발명자 또는 내국에 도입한 자에 대하여 10년간 특허권을 부여하였다.

근대적 의미에서의 특허 제도는 1623년 영국의 전매조례(Statute of Monopolies)에서 찾을 수 있다. 이 조례는 1624년 의회에서 통과되어 성문화된 세계 최초의 특허법으로 평가받는다. 새로운 발명에 대한 특허 이외의 독점을 금지하고 진정한 최초의 발명에 대해서만 14년간 발명의 독점을 인정하였다. 기존 산업의 일부에 대한 특권의 부여는 무효라는 판례를 입법화한 것이다.

영국의 특허 제도는 18세기 중엽부터 영국에서 시작된 기술혁신과 산업혁명의 토대가 되었다. "특허가 없었으면 말로 할 수 없을 만큼 복잡해지는 근대문명의 조직도 생기지 않았을 것이다."(오이겐 디젤)라고 할 만큼 특허 제도는 영국의 산업혁명의 토대가 되었다.

1776년 영국으로부터 독립한 미국은 특허를 통해 유럽의 영향력에서 벗어나 부강한 미국을 건설할 수 있었다. 1787년에 제정된 미합중국 연방헌법에서는 발명가 등에게 독점적 권리를 부여하도록 명시하였다. 독립과 함께 제정한 연방헌법에서, "의회는 제한된 기간 동안 저작자와 발명가에게 각자의 저작물과 발명에 관한 독점적 권리를 보장함으로써 과학 및 실용기술의 발전을 촉진할 권한을 갖는다."고 규정하였다.

미국은 1790년에 특허법을 제정하였다. 당시 특허법에서 선발명주의를 채택하였는데, 최근인 2013년 3월 16일부터는 「미국발명법」(American Invents Act, AIA)에 의해 기존의 선발명주의를 포기하고 선출원주의로 전환하였다.

그리고 1802년에는 국가 특허국이 설치되었다. 미국의 특허 등록 추이를 보면 1789~1800년 기간에 276건의 특허권이 미국 정부에 의해 공표되었다. 이후 1850~1860년에는 2만 5,200건으로 증가하였고, 1880년에서 20년 간 매년 2만여 건의 특허가 출원되었다.

미국의 눈부신 산업 발전을 지켜본 1830년대 독일 경제학자 리스트는 "영국인은 옛날 생산방식에 지나치게 집착했지만 미국인은 예전의 방식을 전혀 고집하지 않았다. 미국인은 '발명'이라는 말만 들으면 귀를 쫑긋 세웠다."고 평한 바 있다. 미국은 부단한 발명을 바탕으로 19세기 후반을 거치며 급속도로 공업생산력이 발전했고, 영국을 추월하여 세계 제일의 공업대국으로 부상하였다. 이렇듯 특허는 미국을 부강한 나라로 성장시킨 원동력이었다. 미국 특허상표청(USPTO)의 정문에는 링컨의 다음과 같은 말이 새겨져 있다.

"특허 제도는 천재라는 불 위에 이익이라는 연료를 첨가시킨 것이다."

특허출원
질적 수준 미흡

우리나라 특허의 규모와 위상

한국은 양적 지표로 볼 때 지식재산 선진국으로 일컬어진다. 2018년을 기준으로 산업재산권 출원 건수를 보면 한국은 지식재산 출원이 48만여 건을 기록했는데, 이 수치는 중국(1,146만 건), 미국(111만 건), 일본(53만 건)에 이은 4위에 해당한다. 한국의 지식재산권 출원은 2019년에 50만 건을 돌파했다. 권리별로는 특허가 21만 8,793건, 실용신안은 5,405건, 디자인 6만 5,315건, 상표 22만 1,223건이다.[3]

한국의 특허 건수 역시 세계 4위이다. 2018년 특허출원 건수를 보면 중국이 154만 2,002건, 미국이 59만 7,141건, 일본은 31

---

3   특허청 보도자료, "연간 산업재산권 출원, 역대 최초 50만건 돌파", 2019.12.26.

만 3,567건이며, 이어서 한국은 20만 9,992건을 기록했다.[4] 특허의 누적으로 존속하는 특허 건수는 2017년 현재 전세계 1,272만 건이고, 이 중 우리나라는 97만 1천 건으로 세계 5위이다. 특허 출원 건수가 많기도 하지만, 경제력이나 인구비로 볼 때는 더욱 두드러진다. 2017년 기준 1천억 불 당 내국인 특허 출원 건수는 8,601건으로 세계 1위이며, 인구 100만 명 당 내국인 특허 출원 건수도 3,089건으로 이 역시 세계 1위이다.[5]

특허협력조약인 PCT에 출원된 해외특허는 2018년의 경우 한국은 15,169건이다. 이는 미국(51,192건), 일본(46,253건), 중국(45,288건), 독일(18,160건)에 이은 5위 순위다.

한국의 특허출원 건수가 이처럼 많은 이유는 정부의 R&D 규모가 커진 데 따른 결과이다. 정부 R&D로 창출된 국내 특허출원 건수는 2013년 2만 3,766건에서 2017년 3만 2,501건으로 증가했다. 2013년부터 5년 동안 정부의 R&D 규모는 연평균 8.1% 증가해 민간 R&D 특허 증가율(-1.8%), 외국인 특허 증가율(0.6%)을 크게 앞지르고 있다. 국내 출원 특허 전체에서 정부 R&D 특허가 차지하는 비중도 2013년 11.6%에서 2017년 15.9%로 증가했다.

---

4   WIPO(세계지식재산기구), World Intellectual Property Indicators 2019.
5   GDP 천억 불 대비 내국인 출원건수 2위는 중국(5,869), 3위는 일본(5,264건)이다. 인구 100만명 당 니국인 특허 출원 건수 2위는 일본(2,053건), 3위는 스위스(1,018건)이다. 자료: 특허청 보도자료, "GDP · 인구 대비 내국인 특허출원, 한국이 세계 2위", 2018.12.21.

특허와 정부 R&D의 질적 수준

하지만 한국 특허시장에서 "돈 되는 특허"는 그다지 많지 않다.

2019년 제2회 과학기술관계장관회의의 「대학·공공연 특허활용 혁신 방안」 자료에 따르면, 한국의 대학 및 공공기관 특허성과를 비교해보면, 국내 특허출원은 2만7,816건으로 미국의 1만6,487건보다 많다. 그리고 기술이전 계약 건수도 8,037건으로 미국의 7,730건보다 많다. 그러나 기술이전에 따른 수입은 미국이 3조 4,393억 원인 데 비해 한국의 경우는 1,771억 원으로 수익성이 크게 떨어지고 있다.

"2017년도 정부 R&D 특허성과 분석 결과"를 분석 보도한 기사[6]에서는 다음을 지적한다.

> 국내 등록 특허 중 정부 R&D 특허의 우수특허 비율은 5.4%로 민간 R&D(7.9%)보다 낮다. 국내 출원과 동시에 해외출원을 진행한 대상국가 숫자도 1.7개국에 불과하다. 국내특허의 88%, 중소기업 특허의 96%는 해외특허를 포기했다. 특히 정부 R&D 예산의 절반 이상을 사용하는 대학, 공공연구기관의 특허는 경제성이 부족한 것으로 조사됐다.
>
> 특허청에 따르면 대학, 공공연구기관은 정부 R&D 예산의 68.9%인 13조1천억 원을 사용하고 박사급 인력을 7만 8000명이나 보유한 기술혁신의 원천이다. 그러나 국내 대학과 공공연구기관의 특허는 2017

---

6   파이낸셜뉴스 2019.5.19. "특허출원 건수로만 '세계최강'…한국, 돈 되는 특허가 없다", 파이낸셜뉴스 2019.6.4. "특허가 돈이 되는 시대, IP R&D확대, 전문가 양성에 달렸다"

우리나라 산업재산권 출원 추이 (건, ()는 전년동기대비 증가율, %)

구분	특허		실용신안		상표		디자인		합계	
2013년	204,589	(8.3)	10,968	(△11.7)	159,217	(12.0)	66,940	(6.0)	441,714	(8.6)
2014년	210,292	(2.8)	9,184	(△16.3)	160,663	(0.9)	64,413	(△3.8)	444,552	(0.6)
2015년	213,694	(1.6)	8,711	(△5.2)	185,443	(15.4)	67,954	(5.5)	475,802	(7.0)
2016년	208,830	(△2.3)	7,767	(△10.8)	181,606	(△2.1)	65,659	(△3.4)	463,862	(△2.5)
2017년	204,775	(△1.9)	6,809	(△12.3)	182,918	(0.7)	63,451	(△3.4)	457,955	(△1.3)
2018년	209,992	(2.5)	6,232	(△8.5)	200,341	(9.5)	63,680	(0.4)	480,245	(4.9)
2019년	218,793	(4.2)	5,406	(△13.3)	221,223	(10.4)	65,315	(2.6)	510,736	(6.3)

주) PCT, 마드리드 ,헤이그 등 국제출원(지정관청 · 지정국 기준)을 포함
자료: 특허청, 「2018 지식재산백서」/ 2019년은 특허청 보도자료 2019.12.26 참고

주요국의 최근 5년간 특허출원 현황 (단위: 건, %)

연도	2014년	2015년	2016년	2017년	2018년
중국	928,177 (12.5)	1,101,864 (18.7)	1,338,503 (21.5)	1,381,594 (3.2)	1,542,002 (11.6)
미국	578,802 (1.3)	589,410 (1.8)	605,571 (2.7)	606,956 (0.2)	597,141 (△1.6)
일본	325,989 (△0.7)	318,721 (△2.2)	318,381 (△0.1)	318,479 (0.0)	313,567 (△1.5)
유럽(EPO)	152,662 (3.1)	160,028 (4.8)	159,358 (△0.4)	166,585 (4.5)	

주) WIPO 홈페이지 참고, ()는 전년대비 증감률
자료: 특허청, 「2018 지식재산백서」

년 기준 34.9%만 활용되고 있으며, 기업에 이전된 기술이 실제 매출로 연결된 경우는 10.8%에 불과하다.

기술이전 수입을 연구비로 나눈 기술이전 효율성은 겨우 1.41%에 머물고 있다. 미국의 경우에는 4.43%에 이른다. 또 전체 대학의 53%는

기술이전 수입이 특허비용보다 적다.

이렇듯 우리나라는 정부가 한 해 20조 원에 달하는 예산을 R&D에 투입하고 있지만 정량적 목표에 치중한 나머지 질적 수준은 주요국에 비해 크게 떨어지는 것으로 드러나고 있다.

특허청의 「2017년도 정부 R&D 특허성과 조사·분석 보고서」에 따르면, 국내 등록특허 중 정부 R&D특허의 우수특허 비율은 5.4%이고 민간 R&D는 7.9%이다. 미국특허를 확보한 경우, 우리나라 정부 R&D 특허의 우수특허 비율은 8.9%로 일본(21.8%), 중국(12.3%), 미국연방 R&D(11.2%) 등보다 낮은 수준이다.

기술이전 계약현황을 보면, 정부 R&D특허를 포함한 기술이전 계약건수는 최근 5년간 19.8%의 증가율을 보이고 있으나, 기술이전 계약 금액평균은 49.8백만 원으로 전체 계약 중 1억 원 미만 계약이 90.9%를 차지한다. 정부 R&D 특허성과 이전빈도를 보더라도 1회 이전으로 그친 경우가 80.8%를 차지하고 기술이전에 포함된 특허 건수는 1건인 경우가 78.2%로 나타나 기술이전의 질적 성장은 미흡한 것으로 보인다.

우리나라의 지식재산권 교역 현황을 보면 여기서도 취약성이 드러난다. 지식재산권 무역의 현황을 2019년 3월 한국은행이 발표한 자료[7]에 따라 살펴보면, 한국은 2018년 지식재산권 무역에서 7억 2,000만 달러의 적자가 발생했다.

---

7   한국은행, '2018년중 지식재산권 무역수지(잠정)', 2019.3.21.

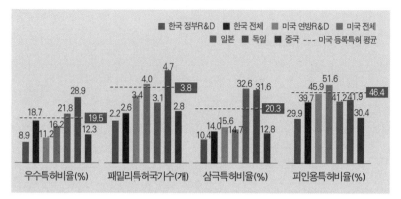

미국 등록특허 질적 현황

자료: 특허청·한국특허전략개발원, 『2017년도 정부 R&D 특허성과 조사·분석보고서』, 2018.

계약연도별 기술이전 평균 계약금액 (단위: 백만원, %)

구분 \ 계약연도	2013	2014	2015	2016	2017	5년간 평균	연평균 증가율
총 기술이전 계약	33.2	31.8	28.9	27.0	31.8	30.2	△1.1
특허 포함 계약	43.7	46.9	41.6	36.8	46.0	42.5	1.3
정부 R&D 특허 포함 계약	51.5	51.4	48.5	44.4	55.0	49.8	1.7

주) 계약 건 중 계약금액을 입력하지 않거나 0인 경우는 분석에서 제외

자료: 특허청·한국특허전략개발원, 『2017년도 정부 R&D 특허성과 조사·분석보고서』, 2018.

중국, 베트남 등에 대해서는 흑자를 기록했지만, 미국에 대한 적자가 46억 7천만 달러로 가장 컸고 다음으로 일본, 프랑스, 독일 순으로 적자를 많이 기록했다.

2017년의 19억 9,000만 달러의 적자에서 2018년에는 지식재산권 무역수지(잠정)가 7.2억 달러 적자로 개선된 것으로 나타났지만, 이는 저작권 흑자규모가 5.9억 달러에서 14.0억 달러로 확대된 데 힘입은 것이고, 특허 등 산업재산권 적자규모는 전년 21.5억 달러

에서 16.0억 달러로 축소되는 데 그쳤다. 그리고 산업재산권 중에서도 특허 및 실용신안권 무역수지는 전년도 12억 달러 적자에서 16.5억 달러 적자로 오히려 적자폭이 확대되었다.

취약한 중소기업 특허

한편 우리나라 중소기업의 지식재산권 품질력이 현저히 떨어지는 것도 문제점이다. 우리나라 기업 중 99%가 중소기업이다. 그러나 대기업에 비해 지식재산권의 품질력이 낮아 성장에 도움이 되는 산업경쟁력으로 이어지지 못하고 있다.

특허출원을 출원주체별로 보면, 중소기업이 4만 7,947건(22.8%)으로 가장 많고 외국기업(22%, 4만6,288건), 개인(19.8%, 4만1,582건), 대기업(16.4%, 3만4,535건), 대학 및 공공연구기관(12.9%, 2만7,055건) 순이다.

최근의 추세를 볼 때 중소기업의 특허 출원이 늘어난 점이 눈에 띈다. 중소기업은 2015년에 대기업과 외국기업의 출원량을 앞서기 시작하여 2018년에 연이어 가장 많은 출원량을 기록했다.[8]

'14년~'16년의 대기업 특허의 청구항 수는 평균 12.9개, 중소기업 청구항 수는 평균 6.6개로 특허품질력도 대기업이 우세하다. 양적지표의 한계는 있으나 대체로 청구항 수가 많을수록 다양한 관점으로 권리범위를 설정한 고품질의 특허일 가능성이 크다.

지식재산권 전담 인력을 보유하고 있는 중소기업은 22.7%, 대기

---

8   한국일보, 2019.1.22. "2018년 산업재산권 출원량 역대 최고 기록"

2018년 한국의 지식재산권 무역 수지 (단위: 억 달러)

흑자국		적자국	
중국	30.2	미국	46.7
베트남	24.6	일본	7
싱가포르	4.7	프랑스	4.2
인도	4.7	독일	4.1
대만	2.2	스웨덴	3.7

자료: 한국은행, '2018 지식재산권 무역수지 (기본통계)', 2019.

2018년 지식재산권 무역수지 (단위: 억 달러)

지식재산권	-16	특허 및 실용신안권	-16.5
		디자인권	-1.8
		상표 및 프랜차이즈권	2.3
저작권	14		
기타 지식재산권	-5.3		

자료: 한국은행, '2018 지식재산권 무역수지 (기본통계)', 2019.

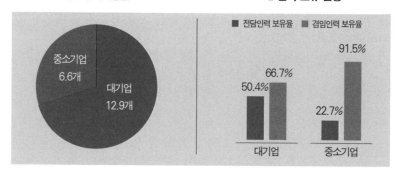

업은 50.4%로서 특허의 중요성에 대한 인식에도 차이가 크다. 요
컨대 국가의 R&D 투자가 이루어져도 중소기업의 지식재산권 품

질력 강화에 이어지지 못하고 있는 실정이다.

　이상과 같이 우리나라 지식재산권 실태는 출원 건수는 세계 최상위권이나 특허를 통한 수익성은 매우 떨어져서 속빈 강정이나 다름없다. 정부 R&D 특허는 외국인이나 민간 분야에 비해 품질이 떨어져 있고, 지식재산권 무역에서 적자국 위치에서 면하지 못하고 있다. 중소기업의 특허는 매우 부진해 대기업과 중소기업 간의 특허 품질력에서 큰 격차를 보이고 있다. 단순히 특허 건수만 늘리는 것이 아니라 지금은 질적 성장에 더 많은 노력을 기울여야 하는 것이 우리나라의 현재 당면한 과제이다.

R&D 품질과
권리화 품질

우리나라의 R&D 실태

우리나라의 R&D 실태를 살펴보기로 하자. 우리나라의 연구개발비 현황을 보면 2017년의 경우 78조7,892억 원(697억 달러)이다. GDP 대비 비중은 4.55%이다. R&D 규모 액수는 미국, 중국, 일본, 독일에 이어 세계 5위에 해당하고, GDP 대비 비중은 세계 1위이다. 규모면에서는 세계적인 수준에 올라 있다고 할 수 있다.

하지만 R&D 세부 내역별로 살펴보면 취약점이 많이 발견된다. 먼저 우리나라의 기초연구 개발 비중이 매우 낮고 응용 및 개발연구 비중이 높음을 지적할 수 있다. 2017년 현재 연구개발단계별 연구개발비는 응용연구가 22.0, 개발연구가 63.6% 비중인 데 비해 기초연구 개발비는 전체 R&D 대비 14.5%이다. 이는 2014년 이후로 보아도 큰 차이가 없고, 기초연구개발의 비중은 오히려 감소했다. 기초연구 개발비를 외국과 비교해보면, 미국(17.0%)이나

우리나라 총 연구개발비 추이

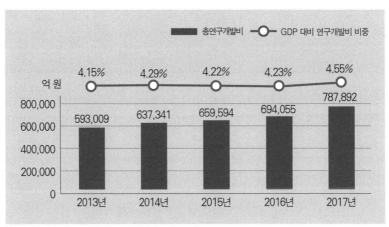

자료: 과학기술정보통신부, 『주요 과학기술통계 100선』 2019-1.

주요국 연구개발비 추이

구분		2014	2015	2016	2017
한국	연구개발투자(백만 달러)	60,528	58,311	59,810	69,699
	GDP 대비 비중(%)	4.29	4.22	4.23	4.55
미국	연구개발투자(백만 달러)	476,452	495,098	516,254	543,249
	GDP 대비 비중(%)	2.72	2.72	2.76	2.79
일본	연구개발투자(백만 달러)	164,925	144,047	155,447	156,128
	GDP 대비 비중(%)	3.40	3.28	3.16	3.21
독일	연구개발투자(백만 달러)	111,773	98,465	101,958	112,186
	GDP 대비 비중(%)	2.87	2.91	2.92	3.04
프랑스	연구개발투자(백만 달러)	64,913	55,275	54,792	56,523
	GDP 대비 비중(%)	2.28	2.27	2.22	2.19
영국	연구개발투자(백만 달러)	50,351	48,317	44,731	43,889
	GDP 대비 비중(%)	1.66	1.67	1.68	1.66
중국	연구개발투자(백만 달러)	211,862	227,538	235,936	260,494
	GDP 대비 비중(%)	2.03	2.07	2.12	2.15

자료: 과학기술정보통신부, 『주요 과학기술통계 100선』 2019-1.

우리나라 연구개발단계별 연구개발비 추이

구분	2014 연구비 (억 원)	2014 비중 (%)	2015 연구비 (억 원)	2015 비중 (%)	2016 연구비 (억 원)	2016 비중 (%)	2017 연구비 (억 원)	2017 비중 (%)
기초연구	112,426	17.6	113,617	17.2	110,867	16.0	113,911	14.5
응용연구	120,585	18.9	137,450	20.8	156,214	22.5	173,159	22.0
개발연구	404,330	63.4	408,528	61.9	426,974	61.5	500,822	63.6
총계	637,341	100.0	659,594	100.0	694,055	100.0	787,892	100.0

자료: 과학기술정보통신부, 『주요 과학기술통계 100선』 2019-1. / 자료원: 과학기술정보통신부·KISTEP, 연구개발활동조사 보고서, 각 년도

주요국 연구개발단계별 연구개발비 비중(%)

구분	한국 ('17)	미국 ('17)	일본 ('17)	프랑스 ('15)	영국 ('16)	중국 ('17)
기초연구	14.5	17.0	13.1	23.8	18.1	5.5
응용연구	22.0	20.3	18.7	37.9	44.0	10.5
개발연구	63.6	62.5	63.9	35.2	37.9	84.0

주) 미국, 일본, 프랑스는 기타 부문이 제외되어 있어 합계가 100.0%가 되지 않음

자료: 과학기술정보통신부, 『주요 과학기술통계 100선』 2019-1.

우리나라 연구개발단계별 연구개발비 추이

구분	2014 연구비 (억 원)	2014 비중 (%)	2015 연구비 (억 원)	2015 비중 (%)	2016 연구비 (억 원)	2016 비중 (%)	2017 연구비 (억 원)	2017 비중 (%)
대기업	386,177	77.5	389,303	76.1	407,787	75.6	398,038	63.6
중견기업							90,687	14.5
중소기업	59,468	11.9	63,753	12.5	68,717	12.7	70,069	11.2
벤처기업	52,899	10.6	58,308	11.4	63,021	11.7	66,840	10.7
총계	498,545	100.0	511,364	100.0	539,525	100.0	625,634	100.0

주) 여기서의 중소기업은 비벤처 중소기업을 의미하며, 통상적인 의미에서 중소기업은 위의 중소기업과 벤처기업을 모두 합한 개념임

*2017년(조사대상년도)부터 기업유형별 구분에 중견기업이 포함되었으므로 시계열 분석시 주의를 요함

자료: 과학기술정보통신부, 『주요 과학기술통계 100선』 2019-1.

프랑스(23.8%) 영국(18.1%)에 비해 낮은 수준이고 일본(13.1%)과 엇비슷한 수준이다. 기초연구 개발비가 낮다는 것은 우리나라의 취약한 원천특허의 단면을 보여주는 것이기도 하다.

기업유형별 연구개발비 추이를 보면 2017년 현재 대기업이 63.6%를 차지했는데, 중견기업이 주로 과거 대기업군에서 분리된 것으로 본다면 대기업이 차지하는 비중은 75%를 상회한다. 즉 연구개발이 대기업 중심으로 이루어지고 있음을 알 수 있다. 대기업 중에서도 상위 5대 기업의 집중도가 높아 2016년의 경우 37.7%를 기록했다. 연구개발비가 소수의 상위 기업에 편중되어 있다.

특허품질이란

특허품질이란 특허가 시장에서 얼마나 가치 있게 활용될 수 있는가에 의해 결정된다. 좋은 특허라 함은 길목을 지키고 통행료를 받는 톨게이트처럼 어떤 기술 분야에서 반드시 사용하지 않을 수 없고 회피가 어려운 특허이다. 이런 특허라면 기업의 판매수익을 높여줄 것은 확실하며, 기술이전이나 로열티 수입도 기대할 수 있고 침해자에게 많은 손해배상액도 받을 수 있을 것이다. 누구나 꿈꾸는 특허가 바로 이런 것이리라. 좋은 특허가 많은 나라가 기술 강국이다.

따라서 특허가 많다고 좋아할 일이 아니라, 양질의 특허가 얼마나 있는지를 살펴야 하는 것이다. 특허품질은 R&D 품질(기술품질), 권리화품질(출원품질), 심사품질, 보호(소송)품질의 총합체이다.

R&D품질

좋은 특허가 되려면, 연구개발에서부터 좋은 기술을 개발해야 한다. 좋은 기술이란 좋은 특허가 탄생할 수 있는 기술이다. 기술력은 남과 경쟁할 때 발휘되는 것이므로, 기술력은 기술 자체가 아니라 특허로 무장되었을 때 드디어 진가가 드러난다. 따라서 사업화를 목표로 하는 기술이라면 이것이 특허로서의 가치가 있는지를 연구개발 기획단계에서부터 충분히 조사하여 전략을 세워야 한다. 특허 정보를 활용하여 특허 가치를 염두에 둔 연구개발이 진행되어야 하는 것이다.

특허정보화 기술로 인해 비로소 이러한 영리한 연구개발이 가능해졌으며, R&D는 이러한 특허가치의 사전기획이 필수적이다. 이것을 우리나라에서는 IP R&D라고 흔히 얘기한다. 명칭이야 무엇이든 특허로서 보호받을 수 있는지, 좋은 특허가 나올만한 기술영역인지 사전 검토하고 진행되는 연구개발이라면 실패를 줄일 수 있는 효율적인 방법이라고 할 것이다.

그러나 우리나라는 연구개발 단계에서 특허 성과를 정성 평가하지 않고 연구가 종료된다. 중요한 부분을 평가해야 학생들도 제대로 공부할 필요를 느낀다. 정작 중요한 특허성과를 제대로 평가하지 않기 때문에 연구개발에서 특허가치를 고려하지 않는다고 볼 수 있다. 따라서 특허성과 평가가 개선되지 않으면 연구개발의 방향성은 목적 없이 표류하게 될 것이다. 연구 행정개선, 연구자 중심의 R&D, 연구성과 평가 개선 다 중요하다. 그러나 연구개발의 목적이 특허에 있다는 인식과 그 특허성과 평가의 개선이 없다면 그 밖의 어떤 제도적 개선도 무용지물이라는 것은 명확하다.

출원품질

연구개발 이후는 권리화 단계로서 좋은 특허명세서를 작성해야
한다. 특허명세서는 기술내용을 상세히 빠짐없이 묘사한다고 해
서 좋은 게 아니다. 권리범위를 정하는 전략적 문서가 바로 명세서
이기 때문에, 기술이 변형 실시될 수 있는 모든 가능성을 고려하
여 강한 특허가 될 수 있도록 권리범위를 최대한 넓게 작성해야 한

각 국가별 특허출원 명세서작성 및 심사대응 대리인(변리사) 비용 현황

국가	인원	대기업 의뢰인	중소기업 의뢰인	대학연구소	의뢰인 평균	성공 보수	Resp. to OA
일본	55	$2,556	$2,675	$2,825	$2,788	$950	$1,112
말레이시아	17	$3,190	$3,190	$2,891	$3,090	NO	$855
중국	222	$1,186	$1,115	$1,094	$1,132	NO	$387
싱가폴	195	$4,913	$4,913	$4,913	$4,913	NO	$1,300
태국	37	$3,615	$3,375	$3,375	$3,455	NO	$1,038
미국	52	$7,563	$7,563	$7,563	$7,563	NO	$2,713
캐나다	315	$8,229	$8,146	$7,896	$8,090	NO	$1,814
멕시코	23	$3,188	$2,943	$2,938	$3,021	$285	$485
브라질	109	$2,438	$2,188	$2,188	$2,271	NO	$1,000
독일	57	$3,829	$3,829	$3,979	$3,879	NO	$1,400
영국	201	$8,125	$7,750	$6,938	$7,604	NO	$1,713
이탈리아	98	$4,425	$3,842	$3,034	$3,767	NO	$1,711
스페인	104	$2,160	$2,085	$2,085	$2,110	$83	$913
스웨덴	125	$6,875	$6,875	$4,500	$6,083	NO	$2,233
남아프리카공화국	190	$2,525	$2,188	$2,225	$2,313	NO	$1,350

출처: 대한변리사회

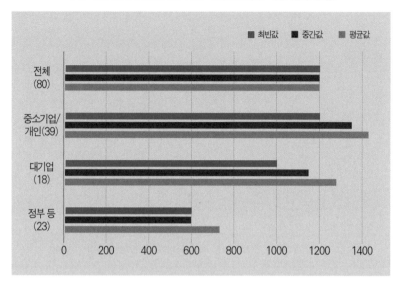

국내 특허 출원에 소요되는 기본 대리인(변리사) 비용 (단위: 천 원)

2016년도 서울대 및 미국 스탠포드대 특허비용 비교

구분	서울대	美 스탠포드대
특허출원 1건당 특허비용	400만 원	4,186만 원
연구비 대비 특허비용 비율	0.53%	0.97%

자료: 국가지식재산위원회, 「혁신성장을 위한 국가 특허 경쟁력 강화 방안(안)」 2018.3.

다. 실제 시장에서 적용될 특허의 범위를 고려하여 권리행사에 용이하게 작성해야 한다. 명세서를 일반적인 기술설명서로 생각하면 안 되는 이유이며, 이를 출원품질이라 한다.

　어떤 경우, 기술과 무관한 출원품질이 나오기도 한다. 기술은 너무 훌륭한데 출원품질이 미흡하거나 기술 내용은 특별할 게 없는데 출원품질이 높아 의외의 강한 특허를 획득하게 되기도 한다. 이처럼 기술과 특허는 별개의 투자와 시간, 노력의 투입이 필요한 영역이다.

출원품질은 연구개발 성과 자체를 좌우할 만큼 중요한 작업이고, 변리사의 핵심적인 역할이 이것이다. 출원품질 향상을 위해서 가장 필요한 것은 변리사의 업무 투입시간 증대이다. 좋은 명세서를 작성하기 위해서는 기술특징에 대한 정확한 이해와 선행기술 조사, 회피설계 등 사전 작업이 충분히 이루어져야 한다. 그리고 명세서에 들어갈 내용을 고민하는 과정과 출원인과의 소통과정 등 많은 정성을 들여야 한다.

그러나 우리나라의 현실은 그것을 용납하지 않는다. 조금이라도 저렴한 변리사를 찾아가 최저 비용으로 출원을 하려고 한다. 변리사가 충분한 시간 투입을 하기 어려운 구조다. 실제로 의뢰인에게 출원품질이 그다지 중요하지 않거나, 출원품질의 중요성을 전혀 모르기 때문에 이런 일이 생긴다고 볼 수 있다.

2019년 대한변리사회의 외국 수임료 조사[9]와 2018년 국내 국유 특허 대리인 비용 조사[10]에 따르면, 한국은 미국, 중국, 독일, 일본, 싱가폴, 캐나다, 스페인, 브라질 등 15개국 조사대상국 중에서 최하위 수준을 기록하고 있다.

우리나라의 변리사 특허출원 수가가 이렇게 낮다는 것은 출원 품질에 무관심하다는 얘기다. 기술력은 특허품질에서 나오는 것인데, 이런 조건에서 우리는 기술력의 발전과 강한 특허를 기대할 수

---

9   외국의 산업별, 기업 규모별 특허명세서 Drafting 수가 및 Office Action(심사관의 거절통지) 대응 비용(1회당)에 관한 조사, 대한변리사회, 2019.

10 『국유특허 출원시 적정 대리인 비용 산정에 관한 연구』, 대한변리사회, 2018.

있을까?

특허출원 품질은 변리사의 업무 투입시간에 비례하게 된다. 얼마나 공들여 업무를 하느냐에 따라 업무 결과가 달라지는 것은 상식일 것이다. 그런데 R&D 1건당 200만 원 미만, 심지어 국내 굴지의 공공연구 기관의 경우도 100만 원 미만의 출원 비용이 변리사에게 할당되며, R&D 결과물의 권리화를 1~2일만에 끝내야 하는 실정이다.

이는 곧 R&D 예산 대비 'IP 확보' 예산 비중이 적은 것으로 이어진다. 가령 서울대의 특허출원 1건당 특허비용은 400만 원 정도인데 이것은 미국 스탠포드대의 4,186만 원의 1/10수준에 불과하다. 연구비 대비 특허비용의 비율을 보면 서울대가 0.53%인 반면 스탠포드대는 0.97%로 특허비용에 대한 지출 비율 역시 낮게 나타나고 있다.

그 이유는 특허비용이 인력지원비 등에 비해 후순위로 고려되고 있기 때문이다. 또한 예컨대 연구자당 국내 출원 2건 이내, 우수발명의 해외출원도 2개국으로 제한하고 있는 것도 특허비용에 대한 이해가 부족한 까닭이다.

이처럼 특허에 대한 변리사의 역할과 이에 대한 보상이 미약하다 보니 당연히 양질의 권리범위 확보가 취약하다. 개발된 기술 중 독점적 권리를 주장할 수 있는 기술범위를 권리범위라고 하는데, 권리범위가 부실해지면 결국 R&D 예산을 투여해도 적실성 있는 성과를 산출하지 못하여 낭비로 이어질 뿐이다.

출원품질과 관련하여, 다른 문제점은 변리사의 전문성에 있다. 출원품질이 기업과 산업에 미치는 영향력을 고려할 때 변리사 직무의 전문성과 그 공공성은 강조될 필요가 있다. 그런데 우리나라는 일제 강점기 이래 변호사에게도 변리사 자격을 자동으로 부여하는 변리사 자격특혜를 유지하는 유일한 국가이다.

지식재산권 품질력을 결정하는 변리업무는 R&D의 결과가 산업경쟁력으로 이어지도록 하는 관건이다. 그러나 우리나라는 변리업무의 중요성에 대한 인식이 미흡하여 변리업무는 단순히 가격경쟁의 대상으로 전락하였고, 변리사는 비전문가인 변호사에게 밀려나고 있는 실정이다.

변리사 자격을 비전문적인 변호사에게 시험을 통한 검증없이 자동으로 부여하게 되면 국가적 차원에서 확립된 변리사의 전문성이 훼손될 것은 자명하다. 변리사의 자격 문제는 지식재산의 품질력과 직결되어 있기 때문에 어느 특정 집단의 이익을 지켜주기 위해 양보될 수 있는 부분이 아니다. 기득권에 의한 자격 특혜는 전문가를 존중하지 않는 사회의 반증이며 선진국의 모습과는 거리가 멀다. 합리적 해결을 위한 국가적 결단이 필요하다.

심사품질

출원 이후에는, 특허청의 심사과정에서 심사의 강도와 정확성, 방향성에 따라 특허품질은 또 한 번 좌우된다. 심사가 의도하는 방향이 무엇이냐에 따라 심사단계에서 특허는 난도질될 수 있다는 것이다. 시장에서의 분쟁을 막고자만 한다면 협소한 권리범위를 허여하게 되고 특허품질은 떨어질 것이다. 기술의 비약적인 발전을 도모하고자 한다면 거절되는 출원이 많아지고 등록특허의 권리는 넓고 강할 것이다.

또 심사의 기준은 기술분야별로도 달라질 수 있다. 국가가 어떤 기술을 육성하고자 하는지, 육성의 방향이 개량발명의 촉진인지 기술의 비약적 발전인지 기술발전단계에 따라서도 심사전략은 달라질 수 있다.

국가가 특허 심사제도를 어떻게 운영하는가에 따라 기술발전과 그에 따른 기업활동과 경제발전을 제어할 수 있다는 얘기다. 이것이 심사품질이다.

그러나 우리나라의 경우, 특허청은 기업형 중앙책임운영기관으로 지정되어 수익성을 도외시하기 어려운 상황이다. 특허청이 정작 신경써야 할 것이 국익 차원의 가변적 특허 심사전략이어야 하는데 우리나라는 특허청에게 엉뚱한 부담을 지우고 있는 것이다. 심사품질은 뒷전이라는 얘기다.

특허품질은 기술품질, 출원품질, 심사품질 3요소에 의해 좌우되고 국가의 기술력은 이 특허품질에 의해 결정되는 것이다. 특허품질이 전제가 되어야만 이후의 특허소송이나 특허 활용 제도의 개선도 논의될 수 있다. 특허품질이 약한데 특허보호가 강해질 수는 없는 노릇이다. 특허품질이 낮은데 기술이전료만 많이 받을 수도 없다. 결국 특허품질의 개선은 특허 제도 개선의 알파요 오메가다.

우리나라의
국가 연구개발 전략의 현주소

국가 R&D의 허와 실

여기에서는 국가 연구개발의 현주소를 살펴보기로 한다. 먼저 연구개발 예산을 살펴본다. 우리나라의 정부 R&D 예산규모는 2018년 현재 179억 9,400만 달러로 미국, 독일, 일본, 프랑스에 이어 5위이지만 GDP 대비 비중은 1.11%로 세계 최고 수준이다.

정부 R&D 집행액을 연구개발단계별로 보면 2018년 현재 기초연구가 32.7%, 응용연구가 20.2%, 개발연구가 47.1%로 나타나 있다. 전체 연구개발비에서 기초연구가 낮은 것을 감안하면, 정부 R&D에서 기초연구가 좀 더 확대될 필요가 있다. 기초연구가 취약하면 과학기술 및 산업의 토대도 역시 취약할 수밖에 없다.

빈곤에 대한 트라우마를 가지고 있는 한국은 경제적 성과 만능주의의 1차원적 사고방식에서 벗어나지 못하고 있어, 국가와 사회전반에 수단과 방법을 가리지 않고 돈을 벌고자 하는 황금만능주

주요국 정부연구개발예산(2018년)

구분	한국	미국	일본	독일	프랑스	영국('17)
정부 R&D 예산 (백만 달러)	17,944	130,541	34,192	36,802	18,367	13,964
GDP 대비 비중(%)	1.11	0.64	0.69	0.92	0.66	0.53

자료: 과학기술정보통신부, 『주요 과학기술통계 100선』 2019-1.

우리나라 연구개발단계별 연구개발비 추이

구분	2015		2016		2017		2018	
	연구비 (억 원)	비중 (%)	연구비 (억 원)	비중 (%)	연구비 (억 원)	비중 (%)	연구비 (억 원)	비중 (%)
기초연구	43,118	32.3	43,713	32.5	45,898	33.5	44,651	32.7
응용연구	25,316	19.0	25,428	18.9	26,233	19.1	27,665	20.2
개발연구	65,142	48.8	65,362	48.6	65,021	47.4	64,387	47.1
총계	133,577	100.0	134,502	100.0	137,152	100.0	136,703	100.0

주) 「기초연구비 비중 산정 매뉴얼」에 따른 연구개발단계별 투자액과는 차이가 있으며 기타는 제외함
자료: 과학기술정보통신부, 『주요 과학기술통계 100선』 2019-1.

의가 만연해 있다. 그래서인지 우리는 경제를 외칠 뿐 지향하는 사회상에 대한 비전이나 철학에는 크게 고민하지 않는 것 같다.

국가 연구개발도 마찬가지다. 현재는 시류에 따라 연구과제가 선정되고 있는데, 우리가 지향하는 사회상을 수립하고 이에 꼭 필요한 기술을 선정하는 맞춤형 전략이 필요하다.

국가 미션형 연구개발 과제의 선정은 연속성 있는 연구개발을 통해 기술을 고도화하는 데 효과적인 방법이다. 오염물질 저감을 통한 깨끗한 자연환경, 긴급 구조를 통한 안전한 사회 등과 같이 국가가 철학과 비전을 토대로 미션을 설정하고 이를 실현하기 위

한 기술을 선정해야 한다.

이때 국가 미션형 연구개발이 되기 위해서는 지도자의 기술패권 의지가 절대적이다. 의지는 머리가 실행은 몸이 하는 것과 마찬가지로, 한 국가에서도 정책 방향은 지도자가 제시하고 그 구체적인 시행방안을 하부조직이 구현해 나가는 것이다. 톱다운(Top-down)이건 바텀업(Bottom-up)이건 거대 정책의제의 형성은 결국 지도자가 결정을 내리는 것이기 때문이다.

국제통화기금(IMF)에서는 한국의 경제 잠재성장률이 2020년에 2.2%, 2030년에는 1.9%로 추락할 것으로 예상하고 있다. 잠재성장률의 저하 원인으로는 생산가능 인구의 감소와 같은 구조적인 문제에도 기인하지만, 신성장 산업의 부재와 연구개발 투자의 비효율성에 기인하는 바가 크다.

우리는 연속성 있는 연구개발에 사실상 실패하였고, 철학과 비전의 부재라는 원점으로 회귀하여 점검해야 하는 시점이다. 아무리 급해도 실을 바늘 허리에 꿰매어 쓸 수는 없다.

인적자원 관리

어떤 정책이나 제도도 다 사람이 만들고 실행하는 것이다. 정책입안자들이 아무리 장밋빛의 그림을 그려도 그것을 누가 해낼 수 있는지를 고민하지 않는다면 그 제도는 실행해 보지 않아도 실패를 예측할 수 있다.

따라서 사람을 인적 자원이라고 한다. 우리나라는 천연자원이 부족한 대신 지능과 교육수준이 높은 국민이 자원이라는 얘기를 많이 한다. 그럼에도 이들이 생각하고 만들어내는 성과물, 즉 지식재산은 크게 조명받지 못하고 있는 것은 아이러니다. 천연자원이 풍부하면 오히려 그 고마움을 모르듯 우리도 훌륭한 인적 자원에 대한 감사함이 부족해서 그런 것은 아닐까?

국가 연구개발을 위한 인적 자원 관리 역시 부실하다. 미국의 여러 연구소와 주요 싱크탱크들은 정부에 정책방향을 제시하는 것은 물론이고 전문가 인력풀을 제공하기도 한다. 이렇게 국가적으로 전문 인력을 관리·평가하여 프로젝트에 적절한 인력을 활용하고 있다. 반면 한국의 경우에는 전문 인력이 필요한 프로젝트나 사업이 발생할 때마다 일회성으로 인력을 구성하는 경우가 대부분이며, 인적 자원에 대한 관리나 평가가 국가적인 차원에서 체계적으로 이루어지지 않고 있다.

정부 R&D에서 어떤 연구를 누가 수행했으며 그 성과가 구체적으로 어떠했는지, 또 각 과정에 참여한 전문가들의 구체적인 역할과 기여에 대해서도 체계적으로 정리하고 데이터베이스화 해야 한다. 국가는 누가 어떤 전문성을 지녔는지 인적 자원에 대한 정보를 축적하고 관리해야 하는 것이다. 우리는 이런 부분이 투명하게 관리되지 않고 있다. 연구자의 권익 이전에 인적 자원에 대한 정보가 먼저 구축되어야 한다.

R&D 예산, 아직도 부족하다

예산의 부족과 저효율성도 문제이다. 한국의 2019년 정부 R&D 예산 20.4조 원 내에서 과학기술정보통신부에 편성된 예산은 6.9

주요국의 정부 연구개발 예산

국가	정부연구개발 예산(2018년)
미국	179조 원 (1,687억 달러)
일본	40.3조 원 (4조 2,613억 엔)
한국	20.4조 원 (2019년)

자료: 과학기술정보통신부, 「한눈에 보는 2019년 정부 R&D」, 2019

조 원에 불과하다. 선진국을 따라잡기 위한 단기 모방형 연구개발
에서 벗어나 파괴적 혁신을 통해 미래사회 변화를 선도할 '범부처
혁신도전 프로젝트'가 과기정통부 주도로 2019년 7월에 출범하였
는데, 범부처를 대상으로 하는 국가적 전환 프로젝트인 해당 프로
젝트에 할당되는 예산은 크지 않을 것으로 보인다.

한국의 2017년 국내총생산(GDP) 대비 연구개발 투자율이
4.55%로 세계 1위라는 OECD의 지표는 단순히 1위라는 결과만
놓고 보았을 때 한국이 상당한 금액을 연구개발에 투자하는 것처
럼 착시 효과를 일으킨다. 그러나 한국의 정부 R&D 예산 총액은
2019년에 20.4조 원으로 미국의 예산 약 179조 원(1,678억 달러)의
1/8 수준에 불과하여 절대적 총량에서 볼 때 연구개발 투자가 미
흡한 실정이다. 연구개발에 필요한 비용이 GDP에 대비하여 증감
되는 것이 아니기 때문에 투자율보다는 투자액의 절대 비교가 필
요한 것이다.

한국은 방위사업청의 '미래도전 기술 개발사업', 과학기술정보
통신부의 'I-Korea 4.0', '범부처 혁신도전 프로젝트' 등 최근 각 정
부부처에서 산발적으로 다른 이름의 연구개발 프로젝트 등이 발

표는 되고 있다. 그러나 프로젝트가 부처별로 분산되거나 혹은 관건이 되는 예산이나 인력 활용 등에 대한 구체적인 계획 등이 부재하여 그 실효성에 의문 부호가 붙을 수밖에 없다.

연구단계별 지원전략과 성과평가

우리나라는 연구개발투자 절대액의 열세를 제외하면, 주요국 대비 기초연구 비중 등 투자분포에서의 문제점은 두드러지지 않는다. 다만, 기초기술과 산업기술 간 구분이 불명확한 지원체계와, 연구개발 성과에 대한 평가와 사후관리가 미흡한 문제점이 있다.

『2019년 국정감사 정책자료집 연구보고서』[11]에 따르면, 기초기술의 1억 원 이상의 기술이전 비중은 23.1%(2015년 기준)로서, 일반기술의 1억 원 이상의 기술이전 비중보다 2배 이상 높다고 한다. 기초기술을 기반으로 하는 기술이전이 일반기술 기술이전보다 높은 비중을 차지하는 것은 신사업 또는 새로운 시장을 창출할 수 있을 것이란 수요자의 기대감이 기초기술에 쏠리고 있음을 보여준다. 기초기술의 경우 기술이전 수요가 많고 기술가치에 대한 수요자의 기대감이 더 큰 것으로 분석된다. 이와 같이, 기초기술에 대한 시장의 기대는 연구개발정책에서 산업기술과 구분할 필요성을 뒷받침하는 것이다.

특히, 산업기술 R&D의 경우는 연구성과가 곧 특허성과인데, 우

---

11 우원식 의원과 대한변리사회 공동연구 보고서(2019.10) 「4차 산업혁명 시대의 기초연구 및 산업발전 전략-일본수출규제사태에서 얻은 교훈」

기초연구성과활용지원사업의 연도별 기술료 규모

구분 (TRL별 기술료규모)	2013		2014		2015		2016.02		전체	
	건수	비율 (%)	건수	비율 (%)	건수	비율 (%)	건수	비율 (%)	건수	비율 (%)
1천만원 미만	2	8.0	10	12.6	20	13.6	6	18.2	38	13.2
1천만원~ 3천만원	9	36.0	29	35.4	51	34.7	14	42.4	103	35.9
3천만원~ 5천만원	3	12.0	12	14.6	24	16.3	4	12.1	43	15.1
5천만원~ 1억원	6	24.0	12	14.6	18	12.2	3	9.1	39	13.6
1억원 이상	5	20.0	19	23.2	34	23.1	6	18.2	64	23.3
합계	25	100	82	100	147	100	33	100	287	100

자료: 정지윤 외(2016), 기초원천연구성과 기술이전 등의 성과 추적조사 및 후속관리 방안

기술료 규모별 기술이전 건수 비중

	2014				2015			
	1천만원 미만	1천만원 ~1억원	1억~10 억원	10억원 이상	1천만원 미만	1천만원 ~1억원	1억~10 억원	10억원 이상
대학	46.6	44.2	7.0	1.1	37.5	52.7	8.9	0.9
공공연	46.0	43.5	9.1	0.9	44.6	45.8	9.1	0.4
전체	46.3	43.9	8.4	0.9	41.8	48.6	9.0	0.6

자료: 특허청(2016)

리나라는 이를 정성적으로 평가하지 않는다. 특허성과는 특허청의
스마트 자동평가 시스템에 의해 정량적·형식적으로 평가되고 있
을 뿐이다. 정량적 평가는 사후 통계작업에는 유용한 수단일 수 있
지만, R&D 성과를 즉시 평가하기 위해서는 정성적 평가가 반드시

도입되어야 한다. 그렇지 않으면 산업기술 R&D는 성과에 대한 눈 먼 정책이 되어, 많게는 수백억에 이르는 연구개발 투자가 헛될 수 있기 때문이다.

따라서 기술품질을 높이려면 연구단계별 연구개발의 방향성과 적절한 평가 체계 개선이 시급하다.

지식재산 법제와
행정·사법에 대한 진단

한국의 지식재산 정책과 법제

지식재산 제도가 산업경쟁력으로 이어지려면 관련 법제가 지식재산권 품질력 확보의 방향으로 일사불란하게 체계화되어야 한다. 그러나 우리나라의 경우는 국익의 관점이 아니라 구색 맞추기 식으로 법제가 도입되어 방향성 없이 표류하고 있다. 이는 결국 지식재산 법제가 산업경쟁력에 도움이 되지 못하고 소외되는 결과를 낳고 있다.

지식재산 정책과 관련한 가장 기본적인 법은 2011년에 제정된 「지식재산기본법」이다. 이 법 제1조에서는 법의 목적을 다음과 같이 밝히고 있다.

"이 법은 지식재산의 창출·보호 및 활용을 촉진하고 그 기반을 조성하기 위한 정부의 기본 정책과 추진 체계를 마련하여 우리 사회에서 지식재산의 가치가 최대한 발휘될 수 있도록 함으로써 국가의 경제·사회 및 문화 등의 발전과 국민의 삶의 질 향상에 이바지하는 것을 목적으로 한다."

이 법은 지식재산 관련 정책의 기본이념을 정의하였다고 할 수 있다. 그런데 이 법에는 몇 가지 문제점이 있다.

우리나라 지식재산기본법은 사실상 특허청이 주도하여 제정된 법이다. 따라서 기업형 책임운영기관인 특허청의 이해관계만을 주로 반영하는 측면이 있다. 구체적으로 살펴보자면, 관련 전문가의 역할을 배제하고 정부의 역할만을 규정하고 있어 지식재산 전문가가 소외되고 있다. 전문가 대신에 '지식재산서비스산업'이라고 하는 비전문가의 탈법적 비변리행위의 온상과 육성 근거를 이 기본법에 포함하고 있다. 우리나라의 지식재산기본법이 일본의 지적재산기본법을 벤치마킹한 것이지만 사업수행의 인력설계가 없다는 점이 일본의 지적재산기본법과는 다른 부분이다.

전문가가 배제된 결과, 이 법은 지식재산권 품질을 확보하는 기본법이 되지 못하고 지식재산 행정기관의 과도한 사업 확대를 야기하고, 관과 유착된 무자격 민간산업만을 확장시키고 있다. 관련 당사자 간의 상호 협력을 유도하지 못하고 오히려 전문가를 배제함으로써 서비스품질을 저하시켜 결과적으로 창의적인 연구개발을 저해하고 있다. 기본법이 지식재산권 품질 강화와 산업경쟁력 확보라는 바람직한 선순환 구조 형성에 걸림돌이 되고 있는 것이다.

결국 지식재산기본법은 지식재산권 품질력 확보의 기본 방향을 제시하지 못한 채, 전문가의 전문성을 강화하고 활용하는 방안이 없이 오히려 전문가를 소외시키고 민간의 무자격 비전문가에 의한 관련 서비스산업을 육성하는 측면에만 중점을 두고 있는 것이다.

특허청의 역할

이와 관련하여, 현재 우리나라의 특허청의 기능과 역할에 대해 검토해 본다. 우리나라의 특허 등 지식재산 심사와 심판을 책임지고 있는 중앙행정기관은 특허청이다. 특허청의 업무는 정부수립과 함께 시작되었다. 그런데 특허청은 2006년에 기업형 중앙책임운영기관으로 지정되어 자체 수입으로 운영되는 기업형 기관으로 변모하였다.

일반 행정기관과 달리 인사, 조직, 예산 및 회계 등에서 자율성을 갖는 것이 책임운영기관이다. 우리나라에는 현재 50개 가량의 책임운영기관이 있는데, 중앙책임운영기관으로는 특허청이 유일하다. 특허청은 재원 면에서 국가예산이 아닌 자체 수수료 수입으로 운영되는 기관이 된 것이다.

그런데 특허청은 본연의 책임운영기관 지정 취지와는 달리 변칙적으로 운영되고 있다. 우선 인사 측면에서 자율성이 없다. 공무원 총정원제의 영향으로 업무량이 증대해도 심사관 증원에 제약을 받고 있다. 그리고 예산은 자체 조달하도록 되어 있어 특허청은 심사라는 고유 업무보다는 수입확대와 수입예산의 집행에 더욱 골몰하게 되었다.

부족한 인력과 예산 절감을 위해 심사를 특허청 내에서 하지 않고 상당 부분을 외주화하고 있다. 선행기술조사라는 것이 외주화의 대표적인 사례이다. 심사 외주의 비율은 최근까지 50%를 상회하고 있는 것으로 알려지고 있다. 이처럼 특허청이 본연의 심사, 심판업무를 정상적으로 수행하지 못하는 실정이어서 심사품질이 보증되지 않고 출원기술의 보안과 비밀유지에도 취약할 수밖에 없다.

특허사법제도

한편, 지식재산활동을 보장하고 권리를 구제하는 사법제도를 보면, 우리나라의 지식재산 침해 관련 사법제도에서는 선진국과 다른 차별점이 있다. 지식재산 등록 못지않게 지식재산 침해 구제도 중요한 업무인데 특허 등 침해관련 소송[12]에 변리사가 대리인으로 참여하지 못하고 비전문가인 변호사가 수행하고 있는 것이다. 전문가가 배제된 소송 시스템에서는 지식재산 권리에 대한 보호가 미흡할 수밖에 없고, 권리보호의 정확성과 효율성, 강도와 신속성이 떨어질 수밖에 없다.

한국에서는 이처럼 변호사의 기득권으로 인해 사법제도의 특허 보호가 후퇴하고 있다. 반면, 미국과 독일은 변리사의 소송 참여가 활발하게 이루어지고 있고, 일본은 변리사와 변호사의 공동 소송대리를 허용하고 있으며, 최근 영국과 중국에서는 특허 침해소송 등에서 변리사의 단독 소송대리를 허용하는 방향으로 사법체계를 개혁하기에 이르렀다. 그 결과 미국과 독일, 중국은 최근 해외 기업의 1차 재판지로 선호되어 있고 이에 따른 소송이 증가하고 대리인, 침해조사 업체, 통번역가 등의 관련 일자리 증대도 이루어지

---

12 특허권자가 무단으로 특허를 침해했다고 판단하여 금지 또는 손해배상을 청구하는 소송.

고 있다.

그러나 우리나라는 지식재산 침해소송을 비전문가인 변호사가 도맡아 하고 법원에 대한 신뢰도 부족하다 보니 해외기업들은 물론이고 내국인조차도 중요한 분쟁의 경우 한국에서의 소송을 기피하고 외국에서 소송을 수행하고 있는 실정이다. 변리사의 소송 대리권은 변리사법 제8조에 명문화되어 있음에도 법원은 이를 인정하지 않고 있다. 변호사의 직역이기주의로 인해 특허 제도가 무용지물이 되어가고 있는 것이다.

지식재산권의 유동화 시장

지식재산 활동의 활성화를 위해서는 지식재산이 그 자체로서 상품 가치를 갖는 지식재산 유동화시장의 발전도 중요하다.

지식재산의 유동화는 그 자체에 대한 가치평가(가액감정)가 모델이 정립되어 신뢰성을 가지는 것이 관건이다. 지식재산의 가치는 제품과 기업에 불가분적으로 결합되어 기업의 수익으로 연결되는 중간단계의 평가이므로 사실 분리하여 판단하기가 쉽지는 않다.

지식재산권에 대한 가치평가는 기술가치 평가가 기업 가치에 의존하는 경향이 크다. 따라서 변리사가 그 역량을 발휘하기 어렵고 지식재산권에 대한 제대로 된 가치가 반영되지 않는 현실이다. 이로 인해 지식재산권 가치평가가 신뢰를 잃고 있어 가치평가를 기반으로 하는 지식재산 금융 시장의 활성화가 지연되고 있다.

특허품질의 확보도 시급하지만, 이처럼 특허권 확보 이후의 소송이나 활용단계에서의 제도 미비가 특허무용론을 낳고 있는 것이다. 특허가 쓸모없다는 것은 쓸모있는 기술이 없다는 것과도 같다.

특허무용론의 현실

중소기업이 강소기업이 되려면 기술력밖에는 답이 없다. 기술력은 강한 특허와 같은 말이다. 그런데 중소벤처기업부는 강한 특허에는 관심이 없고 기술임치제도를 육성하겠다는 정책을 발표한 바 있다. 기술을 일정 공간에 임치하여 그 주인이 누구이며 언제 임치하였는지 증명하고 향후 당사자 간의 기술 이용에도 안정성을 제공하자는 것이다.

그러나 기술은 무형의 아이디어다. 그것을 아무리 금고 속에 임치를 하여도 다른 물건과 다르게 그 보호범위는 해석에 따라 달라지는 것이어서 임치의 대상이 특정되지 않는다는 근본적 한계가 있는 제도이다. 또한 기술이 금고 속에 보관할 수 있는 성격이 아니기 때문에 어차피 기술유출은 막을 수 없고 기술의 활용과 개량이라는 측면에서도 산업발전에 기여하기가 어렵다.

기술은 무형의 머릿속 아이디어라는 사실을 간과하여 기술을 특허가 아닌 임치로 보호하려 해서는 안 되는 이유다. 기술임치는 특허 제도의 보완적 수단이지 기술의 주된 보호수단이 될 수 없다.

특허 제도는 15세기부터 기술선진국들이 무형의 지식재산인 기술을 보호하고 이용하는 제도로 정립해 왔으며, 전 세계적으로 통일화되는 방향으로 발전해 나가고 있다. 이제 우리도 특허 제도가 원래의 제도의 취지대로 제대로 작동할 수 있게 하는 개선방안과 실천을 위해 진지하게 고민해야 할 시점이다.

우리나라 지식재산
거버넌스 체계의 현황

대통령 비서실과 국가지식재산위원회

지금부터는 지식재산 정책을 뒷받침하는 거버넌스 체계를 살펴보고자 한다.

거버넌스(governance)라는 용어는 자주 사용하는 말이기는 하지만 여전히 생경하게 느끼는 사람들이 많을 것이다. 조금 설명하자면 과거의 국가 정책 수립과 집행이 정부 주도로 일방적인 방식으로 진행되었다면, 오늘날에는 정부뿐만 아니라 기업이나 비정부기구, 민간 영역 등 다양한 관계자가 네트워크를 구성하여 문제를 해결하는 협치형 국정운영 방식으로 발전하고 있다고 할 수 있다. 지식재산 정책 역시 오늘날에는 거버넌스에서 추구하는 이상과 같이 정부 주도가 아닌 다양한 관계자들의 목소리를 담아서 협력적으로 추진되어야 한다.

먼저 정부 정책의 가장 정점에 있는 대통령과 비서실, 곧 청와대의 정책 관리 인력을 살펴보자. 대통령 비서실의 경우 지식재산과 관련이 있는 부서로는 과학기술 보좌관이 있다. 그러나 지식재산은 상품과 서비스에 화체되는 지적 활동의 결과물로서 연구개발에서 시작하여 법과 권리의 영역에서 정리되고 산업경쟁력을 통해 사회후생이라는 경제해법으로 연결되는 총체적 개념이기 때문에 단순히 과학기술의 영역에서만 다루기 어려운 특수성이 있다. 즉, 과학기술과 지식재산은 별개의 개념이고 영역이다. 이러한 문제를 해결하기 위해서는 청와대에 지식재산정책에 대한 전문가가 별도로 배치되어 정책을 종합적으로 판단하고 지휘할 필요가 있다. 이러한 역할은 과학기술보좌관이 전담하기 어렵다.

지식재산 정책을 총괄하는 조직으로 대통령 소속의 국가지식재산위원회가 있다. 국가지식재산위원회(이하 '국가지재위')는 지식재산 강국 실현을 위한 국가전략 수립, 관련 정책의 심의·조정·점검 등 지식재산 분야의 컨트롤타워 역할을 수행하는 조직으로 2011년 「지식재산기본법」에 근거해 같은 해 7월에 설립되었다. 지식재산 관련 주요 정책을 심의·조정·점검하는 것이 위원회의 업무인데 구체적으로는 다음의 사항에 대해 심의 조정한다.

- 국가지식재산 기본계획 및 국가지식재산 시행계획의 수립·변경에 관한 사항
- 국가지식재산 기본계획 및 시행계획의 추진상황에 대한 점검·평가에 관한 사항
- 지식재산 관련 재원의 배분 방향 및 효율적 운용에 관한 사항

- 지식재산의 창출·보호 및 활용 촉진과 그 기반 조성을 위한 시책에 관한 사항
- 이밖에 지식재산의 창출·보호 및 활용 촉진과 그 기반 조성을 위하여 위원장이 필요하다고 인정하거나 관계 중앙행정기관의 장 또는 특별시장·광역시장·도지사·특별자치도지사가 요청하는 사항

위에서 세 번째의 '지식재산 관련 재원의 배분 방향 및 효율적 운용에 관한 사항'과 관련해서는, 국가지식재산위원회는 「과학기술기본법」 제12조의 2에 따른 국가연구개발사업의 투자우선순위에 대한 의견서를 관계 중앙행정기관의 장에게 제출할 수 있고, 이 경우 관계 중앙행정기관의 장은 위원회의 의견을 반영하도록 노력하여야 한다고 규정하고 있다. 그러나 이는 강제조항이 아니어서 실질적으로 예산 조정권은 없다고 볼 수 있다.

국가지재위의 구성은 위원장 2명과 위원장을 포함한 40명 이내의 위원으로 구성된다. 현재 위원장은 국무총리와 대통령이 지명하는 민간위원장이 공동으로 맡고 있다. 위원은 정부위원 13명과 민간위원 18명으로 구성되어 있다. 정부위원 13명의 구성을 보면 12명이 장관급인 국무위원이며 이외에 특허청장 1명이 포함되어 있다.

국가지재위는 지식재산기본법의 목적을 효율적으로 달성하기 위해 5년마다 지식재산에 관한 중장기 정책 목표 및 기본방향을 정하는 국가지식재산 기본계획을 수립한다. 기본계획에는 다음과

국가지식재산위원회 조직도

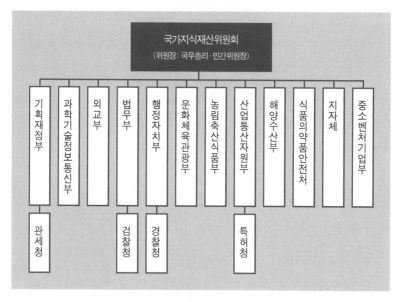

국가지식재산위원회
(위원장: 국무총리·민간위원장)

기획재정부 / 과학기술정보통신부 / 외교부 / 법무부 / 행정자치부 / 문화체육관광부 / 농림축산식품부 / 산업통상자원부 / 해양수산부 / 식품의약품안전처 / 지자체 / 중소벤처기업부

관세청 / 검찰청 / 경찰청 / 특허청

같은 사항이 포함된다.

(1) 지식재산 정책의 목표와 기본방향, (2) 지식재산 및 신지식재산의 창출·보호 및 활용 전략, (3) 산업계, 학계, 연구계, 문화예술계 등의 지식재산 창출역량 강화 방안, (4) 외국에서의 대한민국 국민의 지식재산 보호에 관한 사항, (5) 지식재산 침해행위로 인한 국민의 안전 등에 대한 위해(危害) 방지 방안, (6) 지식재산의 공정한 이용 방안, (7) 지식재산 친화적 사회환경 조성에 관한 사항, (8) 지식재산의 국제표준화에 관한 사항, (9) 지식재산 관련 정보의 수집·분석 및 제공에 관한 사항, (10) 중소기업, 농어업인 등의 지식재산 역량 강화 방안, (11) 경제적·사회적 소외 계층의 지식재산 접근 지원에 관한 사항, (12) 지식재산 전문인력의 양성 방안, (13)

지식재산 관련 제도의 국제화 방안, (14) 지식재산 정책의 추진을 위한 정부예산 투입 계획, (15) 지식재산 관련 문화·교육·금융 제도 등의 개선을 위한 법령 정비 계획, (16) 그 밖에 지식재산의 창출·보호 및 활용 촉진과 그 기반 조성에 필요한 사항 등이다.

　정부는 관계 중앙행정기관의 장과 시·도지사로부터 위 계획에 따른 추진계획을 제출받아 매년 국가지식재산 시행계획을 수립하며, 위원회는 기본계획과 시행계획의 추진상황을 점검 평가한다. 관계 중앙행정기관의 장과 시·도지사는 해당 기관의 지식재산 정책을 효율적으로 수립·시행하기 위하여 소속 공무원 중에서 '지식재산정책책임관'을 지정할 수 있다.

중앙부처의 행정체계

다음으로는, 지식재산 업무를 담당하는 중앙부처의 행정체계를 살펴본다.

　지식재산을 총괄하는 기관으로 특허청이 있다. 특허청은 산업통상자원부의 외청으로 특허·실용신안·디자인 및 상표에 관한 사무와 이에 대한 심사·심판 및 변리사에 관한 사무를 관장하는 대한민국의 중앙행정기관으로 특허, 실용신안, 디자인 및 상표 등 지식재산권과 관련된 정책을 수립, 집행하고 있다. 특허청은 2006년 기업형 중앙책임운영기관으로 지정되어 명목상으로는 자체 수입을 바탕으로 예산, 인사, 사업상의 자율성이 있다고 볼 수 있다.

　문화체육관광부는 저작권, 콘텐츠 관련 지식재산정책을 수립하고 집행한다. 과학기술정보통신부는 국가연구개발정책을 총괄하

여, 지식재산의 창출과 관련된 핵심기능을 수행한다. 산업통상자
원부는 지식재산권의 활용과 관련하여 지식재산권의 이전과 산업
화와 관련된 정책을 수립하여 집행한다.

세부적 소관업무로 농림축산식품부와 해양수산부는 식물신품
종과 지리적 표시 등 농업, 수산업과 관련된 지식재산권 정책을 수
행하고, 과학기술정보통신부는 컴퓨터프로그램 보호 정책을 수행
한다. 새롭게 출현하는 신지식재산 관련 업무의 경우 바이오산업
은 특허청, 보건복지부, 농림축산식품부, 해양수산부의 업무와 관
련이 있고, 디지털 콘텐츠와 UCC 산업은 문화체육관광부와 과학
기술정보통신부가 관여하여 업무의 중복 가능성이 있다.

지식재산권의 대외적 보호 업무에서는 외교부, 국정원, 법무부, 검
찰청, 경찰청 등이 관여하고 있고, 경쟁정책 관련 업무는 공정거래위
원회, 예산 관련 업무는 기획재정부 등이 정책에 참여하고 있다.

이상, 우리나라 지식재산 거버넌스 체계를 살펴보았다. 정리하
자면, 국가지재위는 지식재산 강국 실현을 위한 국가전략 수립, 관
련 정책의 심의·조정·점검 등 지식재산 분야의 컨트롤 타워 역할
을 수행하는 대통령 소속 기관으로 「지식재산기본법」에 따라 설
립되어 운영되고 있다. 그러나 국가지재위는 법률상 권한에 비해
정책을 집행할 권한이 없고, 업무수행을 위한 전문인력이 부족하
고 전문가의 체계적 참여가 배제되어 있으며, 기존 부처들과 업무
상 차별성이 부족하여 조정체계로서의 역할을 수행하기 어려워
유명무실해지고 있다.

특허청은 2006년 기업형 책임운영기관으로 지정됨에 따라 수입증대와 사업확대에 치중하면서 엄정한 심사라는 고유업무는 외주화하고 있다. 특허청이 제 기능을 상실하고 있는 것이다. 더욱이 특허청은 산업통상자원부의 외청이라는 행정기구상의 위상에 비해 과도한 지식재산 관련 행정업무를 담당하고 있어 특허정책 자체의 위상이 격하되고 있는 실정이다.

결론적으로, 우리나라의 경우 특허와 지식재산권 제도를 주관할 컨트롤타워가 마땅치 않은 상황이고, 특허와 지식재산권 제도와 정책, 행정이 통일적·종합적 정책과 지휘 없이 각 부처별로 각개약진 방식으로 진행되고 있는 것이 현재의 실정이다. 이는 특허 제도에서의 정부 입장이나 역할이 미약하였다는 반증이기 때문에, 지식재산의 거버넌스 체계의 개편은 특허 제도 개혁의 시발점이라고 할 수 있다.

3 /

해외의 지식재산정책 추진 전략과 시사점

미국의
지식재산 정책

경제강국 미국의 원천, 특허

미국은 오늘날 의심의 여지없는 경제 최대강국이다. 유럽 대륙에서 미지의 대륙으로 정처 없이 떠나간 이민들이 건설한 미국이라는 나라는 어떻게 변방의 신생국에서 일약 세계 초강대국으로 우뚝 설 수 있었을까? 그 원동력은 특허였다.

미국의 기술 발전은 대체로 에디슨이 그 획을 그었다. 에디슨 전에는 미국의 기술은 기본적으로 유럽의 것을 옮겨놓은 것에 불과했고, 에디슨 후에 비로소 미국도 자기의 기술을 가지게 되었다. 에디슨이 활동했던 시대는 미국 기술발전의 전환점을 알리는 상징이었다.

미국 특허국의 기록에 의하면, 19세기 후기는 미국이 단순기술의 수입국으로부터 벗어나 본국 특허기술이 급속히 부상하는 시기였다. 특허 등록 건수를 보면 확연히 드러난다. 1789년에서 1800년까지의 10년 동안 공표된 특허권은 276건이었다. 50년이 지난 이후인 1850년부터 1860년까지의 10년 동안에는 특허가 25,200건으로 증가하여 1년 평균 2,000여 건의 특허가 등록되었다. 1900년을 전후한 시기에는 매년 특허가 2만여 건 등록되어 이전에 비해 10배가 증가하였다.

내전 후 미국 노동력의 결핍 현상은 미국 자본가들로 하여금 최대한 노동력 채용을 절약하여 원가를 줄이는 신기술을 개발하도록 만들었다. 미국 공업은 영국과 프랑스에 비해 출발이 늦었기 때문에 그 교훈을 배워 최대한 가까운 길로 갈 수 있었다. 또한 미국 중서부의 광활한 지역은 모두 새로 개발된 곳으로서 오래된 진부한 설비라는 무거운 짐이 없었고 영국 공업이 직면하고 있는 복잡한 기술의 갱신문제가 존재하지 않았다.

이밖에 미국 이민자들은 적극적인 진취성과 실사구시를 중시하는 정신을 가지고 있었기 때문에 전통의 속박으로부터 상대적으로 자유로웠으며 신기술을 쉽게 받아들이고 보급할 수 있었다. 이러한 요소 중 이노베이션 발명의 대규모 출현은 가장 관건적인 요인이었다.

그렇다면 제2차 산업혁명의 과정에서 왜 미국에 이러한 일련의 이노베이션 발명이 출현하게 되었을까? 그것은 미국의 제정 연방헌법에서 찾을 수 있다. 1787년, 막 독립한 미국이 제정한 연방헌법에서 제1조 제8관은 이렇게 규정하고 있다.

"과학과 실용기술의 진보를 촉진하기 위하여 작가와 발명가 각자의 저작과 발명에 대하여 일정 기간의 배타적 독점권을 보장한다."

이렇게 미국은 특허권을 헌법에 규정한 최초의 국가로서 이노베이션 정신은 국가 근본대법의 형식으로써 마치 국가주권을 보위하는 것처럼 장엄하게 보호되었다. 헌법이 발명권의 신성불가침을 승인했다면, 특허법의 출현은 이 권리를 진정으로 장려하는 동력이 되었다.

1790년 미국은 최초의 특허법을 공포하였다. 그리고 1802년에는 국가 특허국이 설치되었다. 미국 특허상표청(약칭 USPTO)의 육중한 정문에는 링컨 대통령의 명언이 각인되어 있다.

"특허 제도는 이익이라는 연료를 천재의 불 위에 첨가시킨 것이다."

만약 헌법과 특허법의 보장이 없었다면 에디슨과 같은 위대한 발명가는 나타날 수 없었을 것이다. 법률은 소프트 환경을 만들어낸다. 발명창조의 가치는 재부의 형식으로 나타나고, 재부의 실현 형식은 법률의 보호를 받게 된다.

미국 특허법은 에디슨에게 명예와 이익을 가져다주었을 뿐만 아니라 미국을 위해 엄청난 재부를 창조하였다. 1922년의 미국 의회 통계에 의하면, 에디슨 한 사람이 미국 정부에게 50년 동안 15억 달러의 세수 증가를 가져다주었다고 한다. 이렇듯 미국에서 특허 제도는 발명 이노베이션을 직접적으로 경제이익과 결합시켜 인간들에게 두뇌활동이 직접 물질 수입으로 전화될 수 있다는 사실을 확신하게 만들었다.

미국 특허 제도의 운용

미국에서 특허업무를 담당하는 기관으로는 특허청이 있고, 이밖에 무역대표부, 저작권청 및 기타 기관의 일부가 지식재산권 업무를 담당하고 있다. 특허청(US Patent and Trademark Office; USPTO)은 상무부 산하의 기관으로, 특허청장은 상무부 차관을 겸임하며 특허와 상표권의 출원과 등록 업무를 수행한다. 그리고 특허청은 국내외 지식재산정책에 대한 업무와 관련하여 대통령과 부처에 자문한다. 무역대표부는 무역법에 근거하여 지식재산권 보호에 관한 대외업무를 수행한다. 저작권청은 미연방의회 도서관 소속으로 설립되어 등록업무만을 수행한다. 지식재산권 전반의 정책업무는 담당하지 않는다.

지식재산권 보호 업무는 국내와 대외로 구분하여 담당한다. 국내 지식재산권 보호와 관련된 업무는 법무부·연방수사국·국토안보부가 담당하고, 대외적 지식재산권 보호는 상무부·국무부·법무부·무역대표부가 관여하며 그 중 무역대표부가 가장 핵심적인 역할을 수행한다. 이밖에 사법부의 연방순회항소법원(CAFC)이 지식재산권 보호에 관여하며, 민간단체인 지식재산 소유자 단체도 정책에 관여한다.

미국 특허청에서는 특허정책에 관한 보고서를 작성한다. 미국 특허청 내에는 최고경제인사무소(the Office of the Chief Economist; OCE)라는 기관이 있다. 이 기관은 미국 지식재산 체계에 영향을 미치는 정책과 프로그램에 대한 연구를 하고, 특허청장에게 보고와 조력을 담당한다.

미국 특허청 홈페이지에 따르면, OCE는 정책 입안자 및 학계 사람들과 협업을 하고 있으며, 학회 및 컨퍼런스를 조직하고 보고서 등을 작성하고 있다. OCE에서 작성된 보고서는 미국 특허청 홈페이지에 공개된다.

미국 특허청의 국회 재정보고서에는 특허청의 예산 배분 정보가 공개되어 있다. 지식재산 보호정책 프로그램에 대한 2017회계년의 총 예산은 대략 4천7백만 달러(약 500억 원 수준)이다. 지식재산 보호정책 프로그램에는 5개의 하부 프로그램이 있는데, 구체적으로 (1) 정책, 대외 업무 및 행정지원, (2) 세계 지식재산 아카데미, (3) 지식재산권 부속 프로그램, (4) 지식재산 PP&E 정보원, (5) 관리목표 등이다.

미국의 특허 대리 제도

다음은 미국의 특허 대리 제도에 대해 살펴보기로 한다. 미국 특허 규칙 37 C.F.R. §11.5에는 미국 특허청에 대한 업무를 대리할 수 있는 자격자로서 변리사(Patent Attorney)[13]와 특허대리인(Patent

---

13 우리나라 변리사는 오래 전부터 영문명칭을 'Patent Attorney'로 표기하여 사용해 오고 있으며, 한미 FTA 부속협정에서도 '변리사'는 'Patent Attorney(byeon-ri-sa)'라고 하여 'Patent Attorney'로 공식적으로 표기되어 사용되고 있다. 구체적으로, 한미 FTA 부속서의 'Professional Services - Patent Attorney (byeon-ri-sa)' 장은 서비스의 국경무역에 대하여 "Only a byeon-ri-sa (Korean-licensed patent attorney) who is registered with the Korean Intellectual Property Office may supply patent attorney services. Only a byeon-ri-sa (Korean-licensed patent attorney) may establish a gae-in-sa-mu-so (sole proprietorship) or a teukheo-beop-in (patent law firm). For greater certainty, a person that is not a Korean-licensed patent attorney may not invest in either of

Agent)[14] 의 두 가지 자격제도를 명시하고 있다. 이러한 미국의 두 가지 자격제도는 자격 요건, 자격시험 및 대리 범위 등에 있어서 차이가 있다. 이 둘은 유사하지만 구분되기 때문에 한국의 변리사 제도와 차이가 있다.

변리사(Patent Attorney)는 법학전문대학을 수료하고 주(state) 변호사 자격증을 취득한 자로서 특허청의 특허시험(patent bar)을 통과하여 자격을 갖춘 자이다. 변리사(Patent Attorney)는 주 변호사 자격증이 있기 때문에 특허나 상표 분야에 국한하지 않고 일반 민형사 등의 법무 업무와 소송 업무를 모두 수행할 수 있다. 일반 법률 자문 및 소송 업무를 비롯하여 특허청에서 진행되는 특허 및 상표 업무를 대리할 수 있다.

변리사(Patent Attorney)는 특허청의 특허시험을 반드시 통과해야 하므로 시험 없이 변리사 자격이 부여되는 한국 변호사와는 차이가 있다. 한국과는 달리, 미국에서는 특허시험을 통과하지 못한 변호사(attorney at law)는 대 특허청 업무를 전혀 수행할 수 없다. 미국의 특허시험은 반드시 과학 또는 공학 학사 학위를 요구하고 있기 때문에, 변호사 자격자 중에서 이공계 학위를 소유한 자만이 특허시험에 응시하여 궁극적으로 대 특허청 업무를 수행할 수 있다.

---

these types of legal entity."라고 명시적으로 규정하고 있다.

14 미국의 Patent agent는 특허에 관한 특허청 절차만을 대리할 수 있다는 점에서, 특허청과 법원에 대하여 특허, 실용신안, 상표, 디자인에 관한 사항에 관하여 대리할 수 있는 한국의 변리사와는 업무 대상 기관과 범위에 차이가 있어 이를 변리사로 번역하는 것은 적절하지 않다. 영어 그대로 표기할 수도 있으나, 국문 표기를 위해 '특허대리인'으로 번역하여 표기하기로 한다.

한편 미국의 특허대리인(Patent Agent)은 "변호사 자격증이 없는 자"로서 과학 또는 공학 학위를 가지고 특허청의 특허시험을 통과한 자이다. 특허대리인(Patent Agent)은 특허청에서 진행되는 특허업무를 대리할 수 있는 자격을 지칭한다.

그러나 미국 특허청의 특허시험은 '특허' 과목에만 국한되기 때문에 특허대리인(Patent Agent)은 상표에 관련된 업무는 대리할 수 없다. 또한 특허대리인(Patent Agent)의 업무는 특허청에 대해 수행되는 특허 업무에만 국한되기 때문에 의견서나 감정서, 법원에서의 소송 등의 비특허청 업무를 수행할 수 없다. 따라서 특허, 실용신안, 상표 및 디자인 출원, 감정업무 및 특허, 실용신안, 상표 및 디자인에 대한 특허법원과 대법원에서의 심결취소소송[15] 등 관련 소송을 수행할 수 있는 한국 변리사와는 현저히 차이가 있는 자격 제도이다.

또한 미국에는 제한된 허가를 받은 특허대리인(Patent Agent) 제도가 있다. 이는 '제한적 특허대리인(Patent Agent of Limited Recognition)'으로서, 미국 시민권자가 아닌 자 중에서 특허대리인(Patent Agent) 자격을 획득한 자이다. 미국 시민권자에게 부여되는 특허대리인(Patent Agent) 자격과는 달리 외국인으로서 특허시험을 통과한 '제한적 특허대리인(Patent Agent)' 자격 소유자가 미국에 거주하지 않게 되면 자격을 유지할 수 없다. 따라서 본국 귀환 시 미국 사건을 대리하는 것은 불가능하다. '제한적 특허대리인

---

15 특허청의 심판절차 결정(심결)에 불복하여 심결 취소를 구하기 위해 제기하는 소송.

(Patent Agent)' 자격 소유자는 특허청 변리사 등록번호가 'L'로 부여되는데, 일반 특허대리인(Patent Agent) 자격소유자가 알파벳 없이 숫자로만 구성되어 있는 것과 구별된다.

미국에서 특허 심사의 위탁은 원칙적으로 없다. 다만, 심사 외 분야에 대해서 위탁되는 업무가 있다. 미국 특허청 홈페이지의 정보에 의하면, 특허 분류와 특허 문서 번역은 외부 기관을 사용하고 있다. 미국에서 특허출원에 관한 심사는 심사관에 의해 전담되고 있으나, 미국을 수리관청으로 하는 PCT 출원의 공지문헌 조사 및 보고서 작성은 외부 기관에 위탁되고 있다.

미국에서 정부 주도로 진행되는 IP R&D 과제는 거의 없는 편이다. 한국과는 달리 대부분의 조사 업무는 민간의 필요에 따라 진행된다. 로펌의 경우 고객의 업무를 수임하여 수익을 창출하며, 정부 과제 수임을 통해 수익을 올리는 로펌은 찾기가 어렵다. 그 이유는 대략 다음과 같이 두 요인으로 설명될 수 있다.

첫째, 한국의 경우는 관 주도로 지식재산권 분야에 대한 인식제고나 시장형성을 할 필요가 있지만, 미국의 경우는 시장이 완성되어 있는 상태여서 관 주도 과제가 특별히 필요하지 않은 상태이다. 즉, 정부가 개입하여 지식재산권 분야를 개선하거나 홍보해야 할 필요가 없다. 특히 미국에는 지식재산권 시장이 매우 크고 소송이 활발한 상황이기 때문에, 정부 보조로 지적재산권 관련 사업을 추진해야 할 요인이 없는 것이다.

둘째, 한국의 지식재산권 수임구조도 관련이 있을 것으로 추정된다. 한국은 특허업무의 수가(보수) 경쟁이 심하고 저가 수임이 많아서, 특허법률사무소는 정부 주도 과제를 특허출원 업무의 대안으로서 수임하는 경우가 있다. 미국은 시간당 비용(time charge)으로 청구하기 때문에 고액의 수임 비용을 받는다. 정부에서 나오는 과제에 대한 민간 업계의 요구가 거의 없는 편이다.

미국의 지식재산 정책 체계

미국의 지식재산 정책은 의회에서 제정한 '지식재산을 위한 자원 및 조직 우선화에 관한 법률'(Prioritizing Resources and Organization for Intellectual Property Act; PRO-IP법)과 행정부의 '지식재산집행 공동전략'을 바탕으로 추진되고, 이를 토대로 지식재산의 보호와 집행을 실행하고 있다.

PRO-IP법은 지식재산권 보호 및 강화를 위한 연방정부의 집행력 확대와 정부부처 간 효율적인 업무공조, 불법복제 등 저작권과 상표권 등에 관련된 법률의 형사처벌 강화를 목적으로 하고 있다.

행정부의 '지식재산집행 공동전략'은 6개 전략목표를 담고 있다. 정부의 모범 사례 제시, 투명성 강화, 효율성 및 협력 강화, 미국 권리의 국제적 집행, 미국의 공급망 보안, 정부의 정보기관 구축 등이다.

미국의 지식재산권 정책에서 특징적인 것은 지식재산 집행조정관이 정책 전반을 통괄한다는 점이다. 지식재산 집행조정관(Intellectual Property Enforcement Coordinator; IPEC)은 오바마 대통령 시절인 2008년에 신설되었다. 지식재산 집행조정관은 PRO-IP

법에 근거하고 있고, 각 기관별로 분산되어 추진 중인 지식재산권 침해 방지 업무 및 정책을 통합적으로 조정·관리하는 역할을 수행한다.

　구체적 업무를 보면, 지식재산권 보호를 위한 관련 부처의 공동 전략계획을 수립하고 조정하며, 지식재산권 관련 부처들의 정책을 조정한다. 그리고 지식재산 보호와 관련된 국내외 프로그램을 대통령과 국회에 보고한다. 이렇게 미국은 지식재산 집행조정관을 콘트롤타워로 하여 강력하고 효율적인 지식재산 정책 추진체계를 갖추고 있다.

　미국의 지식재산 집행조정관은 대통령실 소속이지만 미 상원의 인준을 받아 임명되고 매년 의회에 정책 계획서 및 보고서를 제출한다. 지식재산 집행조정관은 부처 간 지식재산 정책을 총괄 조정하기 위해 2개의 자문 위원회를 운영한다. '고위 지식재산정책 자문위원회'(Senior IP Enforcement Advisory Committee)와 '지식재산 정책 집행자문회의'(IP Enforcement Advisory Committee)이다. 지식재산 집행조정관은 양 자문회의체의 의장이 되어 자문을 받는다.

　'고위 지식재산정책 자문위원회'는 국무부를 비롯해 9개 부처의 대표로 구성되어 있는 부처 수준의 위원회이고, '지식재산정책 집행자문회의'는 부처의 하위 수준의 위원회로 전략계획 수립 역할을 수행한다. 의회 소속의 저작권청과 대통령실 소속의 자문위원회는 집행회계와 자문 등을 통해 지식재산 집행조정관의 업무에 협조하고 있다. 이렇게 지식재산 집행조정관을 중심으로 상무부, 국무부, 관세청, 특허상표청, 법무부 등 12개의 연방 행정부가 공

조를 이루며 지식재산 정책을 추진하는데, 3년 단위로 지식재산집
행에 관한 합동 전략계획을 수립하여 지식재산권 보호를 위한 정
책을 집행한다.

2017~2019년의 전략계획을 보면, "영업비밀 및 지식재산권 침
해로 인한 경제적·사회적 영향에 대한 국가적 이해 향상, 온라인
상 위조행위 및 지식재산권 침해행위를 최소화함으로써 안전한
인터넷 환경 조성, 안전하고 용이한 합법적 거래, 효과적인 지식재
산권 집행을 지원하여 국내의 지식재산권 전략 및 글로벌 협력 강
화"를 표명하였다.

트럼프 정부에 와서는 국제무역에 특히 역점을 두고 있다. 2018
년 1월 26일에 개최된 세계경제포럼(WEF)에서 트럼프 대통령은
"자유무역을 지지하지만 무역은 공정하고 호혜적이어야 한다"며
"지식재산권 침해, 산업보조금, 만연한 국가 주도 경제 등에 더 이
상 눈감지 않겠다"고 공언한 바 있다. 이렇듯 트럼프 정부는 무역
에 한정하지 않고 저작권, 특허권, 상표권, 영업비밀 등 지식재산권
이 미국의 국익에 매우 중요하다고 여기고 이전보다 더욱 강화된
지식재산권 정책을 전개하고 있다.

지식재산 집행조정관이 2019년 미국 의회에 보고한 보고서에
따르면 지식재산권을 증진하고 보호하기 위한 4대 전략이 표명되
었다. 첫째, "국제무역 상대국과의 공정관계 확립"을 통해 미국의
노동자와 지식재산권을 보호하는 정책을 추진한다. 둘째, 미국 이
외의 국가들이 미국의 지식재산권을 도용했다고 보고, "무역을 포
함한 모든 법적 수단을 통하여 지식재산권을 보호"하는 정책을 추

진한다. 셋째, 타국의 지식재산권 도용으로 인한 미국의 피해가 막대하다는 점에서 "지식재산권 보호를 위한 법적 집행과 협동을 확장"하는 정책을 추진한다. 넷째, 미국은 지식재산정책 및 지식재산권 보호를 위해 "중소기업과 대기업을 포함한 산업계 이해관계자와 긴밀히 협력"하는 정책을 추진한다는 것 등이다.

이상의 미국 지식재산정책 거버넌스 체계에서 찾을 수 있는 특징은 다음과 같다. 대통령실 관리예산처(OMB) 소속의 지식재산 집행조정관을 통해 미 행정부 각 부처의 지식재산 정책을 총괄 조정함으로써 여러 부서에서 수행하는 정책의 효율성을 극대화하고 있다는 점이다. 또 하나의 특징으로는 민간의 참여를 통해 수요자 중심의 정책을 추진하고 있다는 점이다. 지식재산 업무를 담당하는 특허청장에 지식재산권 전문가 출신의 민간인을 중용하여 민간의 경험과 수요를 적극 수렴하고 있는 것이 미국 지식재산 거버넌스의 특징이다.

중국의
지식재산 정책

중국의 지식재산권 제도

중국의 지식재산권은 우리와 다소 다르다. 우선 용어부터 차이가 있는데, 지식재산권은 지식산권(知識産權)으로, 특허는 전리(專利)라는 용어로 사용한다. 법 체계에서는 우리나라는 특허, 실용신안, 디자인(종래의 의장)에 대해 각각의 독립된 법률을 가지고 있지만, 중국은 모두를 포괄하는 단일한 특허법인 「중화인민공화국전리법」을 시행하고 있다. 다만 상표권과 저작권에 관해서는 우리와 마찬가지로 상표법(1982년)과 저작권법(1990년)이 있다. 전리법에서는 선출원주의를 채택하고 있고, 발명특허출원에 대한 조기공개 및 심사청구제도, 특허권의 수여 등을 규정하였다.

중국에서는 민법 영역인 전리제도의 발전이 더뎠지만 개혁개방 이후 1984년에 전리법을 제정하면서 전리제도가 본격적으로 확립되었다. 중국의 전리법은 필요에 따라 몇 차례 개정되었다.

가장 최근의 4차 개정의 내용을 보면, 특허권자가 먼저 실시료 액수를 정하여 실시허락의 의사를 공개하는 '당연허가 실시제도'가 도입되었다. 그리고 특허권의 재산적 기능을 활용한 특허권 담보제도가 신설되었고, 전자상거래 서비스 제공자(플랫폼 제공자)에 대한 특허침해 감시의무가 부과되었으며, 동물에 대한 질병의 진단 및 치료방법에 대한 특허출원과 등록이 가능해졌다. 또한 우선권 주장 요건의 완화, 복심위원회의 심리범위 확대, 직무발명의 범위 축소, 징벌적 손해배상제도 도입 등이 포함되었다.

중국의 특허사무를 관장하는 기관은 1980년에 개설된 국무원 직속의 국가지식산권국이다. 2018년 3월에는 국무원은 특허와 상표 등 지직재산권이 중복 관리되고 집행되는 문제를 해결하기 위해 국가지식산권국(CNIPA, 종래의 SIPO)을 개편하고 국무원 직속 기구인 국가시장감독관리총국(□家市□□督管理□局)이 신설되었다.

국가시장감독관리총국은 폐지된 국가공상행정관리총국이 담당하던 업무와 식품 및 약품의 감독관리, 가격 감독 및 반독점 집행, 품질 감독 등의 업무를 총괄한다. 이와 함께 폐지된 국가공상행정관리총국의 상표 업무와 국가품질감독검사검역총국의 지리적 표시 관리를 국가지식산권국에서 담당하도록 하였다.[16]

한편 지식재산권 분쟁이 급증하자 이를 다루는 지식재산권 전문 법원이 2014년에 설립되었다. 베이징, 상하이, 광저우 등 3개 지역에 지식재산권 전문 법원을 두어 2015년 1월부터 운영 중에 있다.

---

16 2018 국가지식재산위원회 연차보고서, p.20.

지식재산권 보호를 위해 2019년 3월에 국무원은 지식재산권 보호를 위한 징벌적 손해배상 제도를 개선하겠다는 방침을 밝혔고, 새로 시행되는 외상투자법과 전자상거래법 등 각 분야의 법률에 지식재산권 보호를 강화하는 내용을 담았다.

중국의 변리사 제도

중국의 변리사 제도에 대해 알아보면, 우리나라의 변리사에 해당하는 제도로는 전리대리사 제도가 있다. 외국인이 중국에서 특허 출원 업무를 하기 위해서는 반드시 전리대리기구에 위임해야 한다. 하지만 중국인은 선택적으로 전리대리기구에 위임할 수 있다. 전리대리기구란 전리 업무를 담당하는 특허사무소나 법률사무소이다.

전리대리사가 되기 위해서는 전리대리사 자격시험에 합격해야 한다. 응시 자격으로는 이공계 전공자로서 전리법과 관련 법률에 대한 지식을 숙지하고 2년 이상의 과학기술 법무 업무 종사 경력이 있어야 한다. 실제 전리 대리를 하기 위해서는 전리대리사시험에 합격한 자로서 전리대리사기구에 고용되어 전리대리사 업무증이 있어야 한다. 우리나라의 경우 변리사나 변호사가 개인적으로 특허 업무를 대리할 수 있는 것과는 달리 중국에서는 반드시 전리대리기구에 속해 있어야 한다.

저자는 2018년 말, 베이징에서 열린 제5차 지식재산민간단체대표자 회의에 참석한 바 있었다. 세계 각국의 변리사 단체와 지식재산 관련 국제기관의 대표자들이 모인 자리였다. 그곳에서 중국이 국가지식산권국을 확대 재구성하고, 지식재산전문법원과 법정을 늘리는 등 행정과 사법 양 측면에서 개혁을 추진하면서 지식재산권보호를 강화해가고 있음을 체감할 수 있었다.

또 우리나라의 대법원 격인 최고인민법원을 방문해보니 최고인민법원 내에 신설된 지식재산권법정에만 20여 명의 대법원판사가 임기 제한 없는 종신제로 연간 2천여 건의 지식재산권 사건을 처리하고 있다고 한다. 특허 등 침해소송에서 소송대리인 제도도 이미 우리를 앞서가고 있다. 우리나라에서는 기득권의 벽에 막혀 20년 넘게 국회 문턱을 넘지 못하고 있는 변리사 특허침해소송대리도 중국에서는 변리사 단독소송대리까지 이미 가능하다.

전리대리사의 소송대리인 자격은 전리대리인협회의 추천과 국가지식산권국에의 등록, 그리고 최고인민법원에서의 허가를 받은 자가 가지며, 소송대리인 자격을 갖는 자만이 전리 민사 소송 및 전리 행정 소송 사건에서 단독 소송대리인이 될 수 있다. 전리대리사 중 소송대리인 자격을 갖는 자는 변호사의 소송 대리 범위와 동일하게, 위임된 범위 내에서 일체의 소송 대리를 수행할 수 있다. 최고인민법원의 재판장은 중국이 한국, 일본과 달리 침해소송에서의 변리사 '단독대리'를 허용하는 진전된 조치를 취하고 있음을 밝혔다. 최근 중국의 전리대리사 중에서 특허침해 민사, 행정소송에서 대리권이 인정된 전리대리사는 약 2천 명에 달한다고 한다.

중국은 진전된 지식재산권 정책에 힘입어 지난 2017년 연간 특허 출원 건수가 138만여 건으로 부동의 세계 1위를 기록했다. 전

세계 특허출원의 44%를 차지하는 엄청난 수치이다. 베이징 지식산권법원의 특허침해 관련 평균 손해배상액도 약 2억 3천만 원으로 우리나라의 4배에 이르고 있고, 이러한 격차는 점차 늘어날 추세이다.

물론 지식재산 경쟁력을 특허출원 건수 등 수량만으로 평가할 수는 없다. 그러나 우리가 기득권의 벽을 넘지 못하고 정책 부재로 발전이 지체되는 사이, 중국은 정부와 최고지도자의 확고한 방침 하에서 과거의 이미지를 벗고 지식재산권 굴기를 실현해 나가고 있음을 알 수 있었다. 우리도 이러한 중국의 변화발전을 타산지석으로 삼아 정부와 국회, 사법부, 산업계, 전문가들이 힘을 모아 산업혁신과 경제발전을 위한 지식재산권 제도의 발전에 더욱 노력할 필요가 있다.

중국의 지식재산권 굴기 전략

중국의 지식재산권 전략은 시진핑 주석의 강력한 의지에서 표명된다. 2017년 19차 당대회에서 시진핑 주석은 "혁신문화를 창도하고, 지적재산권 창출, 보호, 활용을 강화하자."는 방침을 천명했고 지식재산권침해에 대해서도 엄벌 의지를 밝혔다.

시진핑 주석은 국내외 주요 행사에서 직접 지식재산의 중요성에 대해 언급하면서 지삭재산권 수호에 대한 강한 의지를 표명하고 있다. 제19차 중국공산당 전국대표대회(2017.10.18.)에서는 "혁신문화를 창도하고, 지식재산권 창조·보호·활용을 강화하자."라고 말한 바 있고, 2018 보아오 포럼(2018.4.8.)에서는 "지식재산권 보호를 강화하는 것은 산권(産權)보호제도를 완벽화하는 가장 중요한 내용이며, 중국 경제의 경쟁력을 제고하는 가장 큰 격려이기도 하다."고 말했다.

또한 시진핑 중국 국가주석은 2019년 11월 5일 상하이(上海)에서 열린 제2회 국제수입박람회 개막식에서 "지식의 창출을 통해 인류를 행복하게 하기 위해서는 지식의 봉쇄나 과학기술 격차 확대가 아니라 지식재산권 보호를 강화해야 한다."고 천명하면서, "중국은 지식 가치를 존중하는 환경을 조성하고, 지식재산권 보호 법률 체계를 보완할 것"이라며 "지식재산권의 민형사상 보호 노력을 강화하겠다."고 다시금 밝힌 바 있다. 이처럼 중국에서는 국가지도자가 앞장서 지식재산의 발전과 보호에 나서고 있다.

중국의 지식재산권에 대한 강력한 의지는 '지재권(지식재산권) 굴기'라는 말로 대변된다. '굴기(□起)'는 중국의 국력을 묘사할 때 자주 쓰는 단어로, 사전적 의미로는 '우뚝 솟음', '지위 상승'이다. '굴기'라는 말에서 느끼듯 중국의 전략적 목표는 세계 경제·산업·과학기술과 같은 부문별 대국에서 세계 종합강국으로 발돋움한다는 것이다.

시진핑 주석은 과학 강국으로 도약을 위해 2016년에 과학굴기 3단계 청사진을 내건 바 있다. 2020년까지 '혁신형 국가'가 되고, 2030년 혁신형 국가 중 선두권에 오르며, 2040년에 세계 과학기술 강국이 되는 것을 목표로 한다. 여기서 혁신형 국가란 GDP의 2% 이상을 R&D에 투자하고, 과학기술의 경제성장 기여도가 60% 이상이며, 지식 중심의 서비스산업 생산이 GDP의 20%, 대외기술의존도가 30% 이하인 국가를 말한다.

국가 지도자가 직접 나서 강력한 추진력을 바탕으로 정책을 시행해온 결과, 중국은 5G 통신기술 분야에서는 세계에서 우위를 점하게 되었다. 지도자의 비전과 국가 연구개발 전략의 필요성에 대한 인식이 국가 연구개발 전략 수립의 중요한 원동력으로 작용한 것이다. 중국의 원대한 비전은 세계에서 가장 큰 발전도상국이라는 점을 강조하던 과거의 중국이 이제는 중화민족 부흥의 위대한 '중국의 꿈'을 강조하면서 명실공히 강대국으로의 전환을 꾀한다는 것이다.

중국은 지식재산 분야에도 장기 플랜을 가지고 정책을 추진하고 있다. 2008년에 중국 국무원은 2020년까지 지식재산권에 대한 사회적 인식을 제고하고, 관련 법률을 완비하여 중국을 지식재산권 보호 수준이 높은 나라로 만들겠다는 목표를 내세웠다. 이러한 정비 작업을 통해 지식재산권 수준을 도약시키기 위한 전략적 단계도 세워 놓았다. 전략적 단계는 2015~2020년은 가속추격, 2020~2040년은 어깨겨룸, 2040~2050년은 추월 및 선도의 시기로 설정했다.

지식재산권 보호를 위한 중국의 최근 행보는 더욱 빨라지고 있다. 2018년에 국가지식산권국은 '인터넷 플러스 지식재산권 보호 방안'을 발표해 2020년까지 지식재산권 침해 및 위조에 대한 온라인 식별 방법을 완성하겠다고 발표했다. 이어 2019년 1월에 국가시장감독관리총국에서는 '위조 모조품 중점 영역 중점 단속사업

방안 (2019~2021)'에서 위조 모조품을 추방하겠다는 의지를 표명했다.

중국의 지식재산권 강화 정책은 10여 년 전부터 전략적으로 추진되고 있다. 중국 국무원은 2008년 지식재산권 강국 건설을 위한 국가지식재산권 전략의 정책방향, 목표, 중장기 계획(5년 이내 계획, 2020년까지의 계획 등)을 담은 「국가지식재산권전략강요」를 발표한 바 있다. 이 강요는 지식재산권의 창신·활용·보호와 관리능력을 제고하여 창신형 국가와 소강사회를 건설한다는 목표 달성을 위해 각 지방정부와 중앙부처에 통지한 정책문건이다. 이 강요에서 중점을 두고 있는 것은 지식재산제도의 개선, 지식재산권의 창신과 활용, 지식재산권 보호 강화, 지식재산권 남용방지 등이다.

이와 같이 중국의 지식재산권 정책은 국가 지도자의 강력한 의지와 체계적인 장기 발전 전략을 바탕으로 전개되고 있어 명실공히 지식재산권 강국으로의 부상이 멀지 않은 것으로 보인다.

일본의
지식재산 정책

일본의 특허 제도

일본의 특허 제도는 1885년에 전매특허조례가 공포되어 이를 바탕으로 시행되어 오고 있다. 이 조례는 현재 일본 특허법의 모태가 되었다. 1905년에는 실용신안법이 제정되었다. 1921년에는 기존의 선발명주의에서 선출원주의로 바꾸는 특허법 개정이 있었는데, 이것이 현재 시행되고 있는 특허법의 기본 골격을 이룬다. 일본 특허법은 1959년에 전면 개정되었다.

일본의 상표 보호 제도는 1884년 상표조례로 처음 시행되었고, 1989년 상표법으로 공포된 이래 1959년 상표법개정법률을 토대로 개정을 거듭하여 현재의 상표법에 이르고 있다.

일본의 변리사제도는 한국과 유사하다. 일제 식민지시대에 일본의 제도가 한국에 이식되어 토대가 되었기 때문이다. 그러나 직무 수행 범위에서 차이점도 있다. 일본의 변리사는 지식재산권의 심결취소소송에서 단독 소송대리가 가능하고, 침해소송에서 보좌인으로 출두, 진술, 심문이 가능하다. 침해소송인 자격시험에 통과한 '부기 변리사'는 변호사가 동일한 의뢰자로부터 수임하고 있는 사건에 한하여 그 사건의 소송 대리인이 될 수 있다.

한국의 경우도 변리사가 현재 심결취소소송을 단독으로 수행하고 있지만, 변리사법 제8조에 '변리사는 특허, 실용신안, 디자인, 상표에 관하여 소송대리인이 될 수 있다'는 명문 규정에도 불구하고, 실제 특허 등 침해소송에서 변리사의 대리가 법원에 의해 허용되지 않고 있다. 반면, 일본은 부기 변리사가 침해소송 대리업무를 활발하게 수행하고 있다.

변리사가 되기 위해서는 변리사 시험에 합격해야 한다. 다만 공무원 경력자에 대해서는 시험 면제 제도가 있으며, 변호사가 변리사 등록을 위해서는 변리사회에서 실시하는 실무수습을 마쳐야 한다.

일본의 지식재산 전략

국가 차원에서 지식재산권을 강화하려는 정부의 정책 의지는 다른 나라에 비해 비교적 일찍 표출되었다. 일본 정부는 2002년 2월 국회 연설에서의 고이즈미 전 총리의 '지식재산입국' 선언을 기반으로 '지식재산의 전략적 보호·활용'을 국가 목표로 천명하였다. 그리고 지식재산전략대강과 지식재산기본법을 제정하는 등 지식재산권 강화 목표 실현을 위해 지속적으로 노력하고 있다.[17]

---

17 일본에서는 지식재산을 '지적재산'으로 칭하는데, 여기서는 '지식재산'으로 부르도록 한다.

지식재산 입국 선언에 따라 2002년 3월 일본 정부는 총리대신 주재 하에 문부과학성, 경제산업성, 후생노동성 등의 내각 대신이 참여하는 '지식재산전략회의(현 지식재산전략본부)'를 창설하였다. 그리고 지식재산의 창조, 보호 및 활용에 관한 구체적인 행동계획을 골자로 한 「지적재산전략 대강」을 2002년 7월에 발표하였다. 지적재산전략 대강은 창조전략, 보호전략, 활용전략, 인적기반 확충의 4개 전략을 목표로 하고 있다.

　2003년에는 「지적재산전략 대강」을 근거로 「지식재산기본법」을 제정하였다. 지식재산기본법의 내용을 살펴보면, 이 법에서는 내각 총리대신을 본부장으로 하는 지적재산전략본부를 설치하여 관련 시책을 집중적 계획적으로 추진하도록 하고 있다. 그리고 창조적인 연구개발의 성과가 원활한 사업화로 이어져 새로운 사업 분야의 개척과 경영 혁신 및 창업을 촉진하여 산업의 기술 역량 강화와 활력의 재생을 꾀한다. 이를 통해 지역 경제 활성화와 취업 기회의 증대를 가져올 수 있도록 국가, 지방 공공 단체, 대학 및 사업자 등 다양한 당사자의 책무를 정하고 상호 협력을 도모할 수 있도록 하고 있다. 일본의 지식재산기본법은 우리나라에서도 이에 상응하는 지식재산기본법(2011년 제정)의 본보기가 된 법률이다.

　2013년 6월에는 향후 10년간 지식재산정책의 기본방향을 마련하기 위해 「지적재산정책비전」을 발표했다. '비전'에서는 해외 신흥시장과 신흥산업에서 경쟁 우위를 확보한다는 목표를 내걸고, 이를 위한 전략으로 글로벌 지식재산 시스템 구축, 중소기업 등의 지식재산 경영 지원, 디지털 네트워크 사회에 대응한 환경 정비,

콘텐츠 중심의 소프트 파워 강화를 제시했다. 한편 지식재산전략 본부는 2018년 6월에 세계 최고 수준의 지식재산권 입국 실현을 목표로 하는 「지적재산전략비전」을 발표했다.

일본의 지식재산 정책 추진 체계를 살펴보면, 일본 정부는 내각 총리대신을 본부장으로 하는 '지식재산전략본부'를 설치, 운영하여 지식재산권 보호 및 관련 정책을 수행하고 있다. 지식재산전략 본부는 본부장 외에 내각관방장관, 과학기술정책담당대신, 문부과학대신, 경제산업대신 등 총 4인이 부본부장을 맡고 있다. 부본부장 이하에는 기타 국무대신과 일본 변리사회장 등 외부 전문가 10인이 본부원으로 구성되어 있다. 3개 과로 구성되어 있는 사무국이 지식재산권 관련 정책 기획 및 수립 등의 업무를 담당하고 있고 행정부서인 법무성, 외무성, 재무성, 문부과학성, 경제산업성이 실질적인 정책 수행을 담당하고 있다.

일본의 지적재산전략 비전

현재의 일본의 지식재산 정책은 지적재산전략본부(본부장 아베 신조 총리)가 2018년 6월에 발표한 '지적재산전략비전'을 토대로 전개되고 있다. 이 '지적재산전략비전'은 2013년 6월에 발표한 '지적재산정책비전'의 내용을 4차 산업혁명 시대에 대응하여 수정한 것이다. 일본은 장기적 목표의 비전을 설정하고 단기적인 실행계획을 제시해 실행하고 있다.

이 비전이 추구하는 2025~2030년의 일본사회는 '가치 디자인 사회' 실현을 목표로 한다. '비전'은 현재 사회 환경의 변화를 진단하고, 미래 사회상을 예측한 후, 미래의 가치와 창출 구조, 검토 가치 등을 제시하고 있다.

가치관과 사회현상의 변화에서 융합적 지식이 요구된다고 보며 복잡형 이노베이션이 요구된다고 한다. 기업내 이노베이션이 아닌 기업간 사회간 연대가 필요한 오픈 이노베이션이 요구되며, 소비자의 요구사항은 '물건'에서 '가치(체험)' 및 '서비스'로 변화한다고 본다. 그리고 사물인터넷(IoT), 빅데이터, 인공지능에 의한 데이터 분석을 종래 산업과 조합시키는 새로운 비즈니스가 제조업, 의료·케어 산업, 농업 등 모든 분야에서 가속화될 것으로 본다. 국제관계 환경으로는 미국과 중국의 거대 IT 기업들이 국제 플랫폼을 형성하여 한 국가에 필적하는 규모로 성장한다고 본다.

이에 따른 미래 사회상은 다양한 능력이 발휘되고 일을 수행하는 방식이 변화한다고 보면서 인공지능의 도움으로 노동에서 해방되는 '초여유사회'가 도래하며, 개인이 자신의 목표를 스스로 설정하고 수행하는 방식으로 바뀐다고 본다. 산업의 미래상은 인공지능과 데이터를 활용하는 것이 경쟁력의 원천이 된다고 본다. 사회의 미래상은 조직이 유연해지며 국경을 넘나드는 거래의 증가, 소유에서 공유로 변화는 가치관의 변화를 예고한다.

미래의 가치는 개인의 다면성과 다양성이 중요하고, 개인이나 조직의 다양한 능력과 수요가 매칭되어 융합을 쉽게 하는 플랫폼이 필요하다고 예견한다. 이러한 미래 사회를 바라볼 때 일본의 특징을 활용한 가치를 디자인해야 하며 '가치 디자인 사회'로 갈 것을 주장한다.

이러한 장기 비전에 따라 매년 '지적재산추진계획'을 세우는데, 2019년의 지적재산추진계획에서는 '가치 디자인 사회'의 실현을 위해 3개의 축을 설정했다. '탈평균'의 발상으로 ① 개개인의 주체를 강화하여 도전을 촉진하며, ② 분산된 다양한 개성의 '융합'을 통합 신결합의 가속화, ③ '공감'을 통하여 가치가 실현되기 쉬운 환경 조성 등이다. 이 세 개의 축은 '지적재산입국'이라는 토대에서 이루어진다. 즉 가치 디자인 사회라는 목표는 지적재산입국이라는 기반 위에서 실현된다.

각 축의 내용을 좀더 살펴보면, '탈평균'이라는 축은 중장기적으로 특별한 재능이 결실을 맺게 하고, 특별한 인재와 기업이 도전하기 쉬운 환경을 구축하고, 특별한 인재와 기업을 지원한다. 주요 추진 정책으로는 풍요로운 창조성을 갖춘 사람들을 키우는 교육환경을 만들며, 스타트업[18]과 벤처를 지원하기 위한 환경을 조성한다. 그리고 지방과 중소기업의 지식재산 전략 강화를 지원하며, 지식재산의 창출과 보호기반을 강화하며, 모방품과 해적판의 대책을 강화한다고 한다.

두 번째 축인 다양한 개성의 '융합'을 위해 중장기적으로 실질적인 오픈 이노베이션을 가속화하고, 개성이나 아이디어가 교류하는 장으로서의 플랫폼을 정비 활용하며, 데이터와 인공지능을 활용한 가치 디자인의 원활화를 꾀한다. 주요 추진정책으로는 오픈 이노베이션을 촉진하고 지식재산 플랫폼을 구축하며. 데이터와 인공지

---

18 설립한 지 오래되지 않은 신생 벤처기업.

일본의 지적재산추진계획 2019의 정책방향

축	주요 정책
탈평균	• 창조성 함양, 특별한 인재 활약 • 벤처 지원 체계 구축 • 지방·중소기업 지식재산 전략 강화 • 지식재산 창출, 보호기반 강화 • 모방품·해적판 대책 강화
융합	• 오픈 이노베이션 촉진 • 지식재산 플랫폼 • 데이터·AI 등 관련 규정 제정 • 디지털 아카이브 사회 실현
공감	• 각 주체의 가치 디자인 추진 • 크리에이션 에코시스템 구축 • 국내외의 촬영 환경 개선을 통한 영상작품 지원 • 쿨 재팬 전략의 지속적 강화

자료 : 심현주, 「일본 지적재산전략비전 및 지적재산추진계획 2019의 주요내용과 시사점」, 심층분석보고서 제2019-16호, 한국지식재산연구원

능의 적절한 이용과 활용을 촉진하는 제도와 규정을 제정하고, 디지털 아카이브[19] 사회를 실현한다.

세 번째 축인 '공감'의 가치를 실현하기 위해, 중장기적으로는 공감을 통한 가치의 실현을 원활화하고, 실제 경제활동에서 공감이 거래가격에 반영되는 사례를 증가시키며, 공감을 의식한 새로운 지식재산 시스템을 구축하고, '국제사회로부터의 공감'을 축으로 한 '쿨 재팬 전략'을 재축할 것을 목표로 한다. 이를 위한 추진 정책에서는 각 주체에 의한 가치 디자인을 추진하며, 크리에이션

---

19 실시간으로 내용물이 축적되는 동시에 저장과 사용이 되는 시공간 압축의 저장고.

에코시스템을 구축하고, 국내외의 촬영환경 개선 등을 통한 영상 작품 지원 등을 통해 쿨 재팬 전략을 지속적으로 강화한다고 한다.

유럽의
지식재산 정책

독일의 특허 제도

독일의 지식재산권 정책은 역사가 깊다. 1531년에 분수 발명자에게 황제가 특허를 준 바 있는데, 이것이 독일 특허 제도의 기원으로 평가된다. 독일은 지방 소국 단위로 산재해 국가마다 서로 다른 특허 제도를 가져 국제무역상들은 거래에서 큰 불편을 느꼈다. 이에 국가별 특허 제도를 통합하고자 하는 노력을 경주하여 지방 소국들 사이에 1842년에 발명특허와 발명특전에 관한 관세동맹이 체결되었다.

국가적 차원에서 특허 제도를 법제화한 시기는 독일제국이 1871년에 성립되고 6년이 지난 때이다. 1877년에 독일제국은 처음으로 통일 특허법을 제정했다. 이어 1891년에 최초의 실용신안법이 제정되었고, 1900년에 변리사법과 상표법이 제정되어 실시되었다. 2차 세계대전의 결과 분단된 시기에는 동서독이 각각의 특허법을 적용했으나 통일 후에는 서독에서 1980년에 공포한 특허법을 기초로 한 특허법과 실용신안법이 시행되고 있다.

독일의 지식재산권 거버넌스 체계를 살펴보면 지식재산권 정책은 연방법무소비자보호부에서 담당하고 있고, 지식재산권 집행은 특허청에서 담당하고 있다. 독일 특허청은 1877년 통일 특허법에 근거를 두어 설립된 기관인데, 규모면에서 유럽에서 가장 크다. 독일 특허청은 많은 수의 국내 파트너 조직과 국제적인 지식재산 관련 조직과 긴밀한 협력관계를 맺고 있다. 그리고 특허전문가 그룹인 변리사회와도 협력하고 있고 창업 중소기업의 수요를 적극 반영하고 있다.

독일에서 변리사가 되기 위해서는 이공계 졸업자로서 34개월의 실습과 법률 일반에 관한 대학 과정을 수료해야 하며, 독일 변리사 시험에 합격해야 한다.

영국의 특허 제도

영국에서 지식재산 정책을 총괄하는 조직은 영국 지식재산청 (UKIPO, UK Intellectual Property Office)이다. 지식재산청은 특허·디자인·상표·저작권 등 지식재산 정책 전반과 그 집행을 전담하고 있다. 따라서 영국의 지식재산 정책과 집행은 지식재산청을 정점으로 이루어진다. 영국 지식재산청이 정책의 기능과 집행의 기능을 모두 포괄하고 있는 까닭에 정책 추진에서 효율성을 기하고 있는 점이 특징이다. 그러나 지식재산청이 기업에너지산업전략부의 외청으로 위치하고 있어 독자적인 법률 제정이나 개정을 추진할 수 없다는 한계가 있다. 영국의 변리사가 되기 위해서는 이공계 학위를 소지하고 영국 특허 시험에 합격해야 하며, 2년간의 실무 경력을 거쳐야 변리사 등록과 업무가 가능하다.

영국 변리사의 소송대리권은 수십 년간의 법률개정을 거치며 꾸준히 확대되어 왔다. 1977년 특허법에서 변리사는 특허청장의 결정에 대한 불복절차를 대리할 수 있게 되었고, 1988년 개정 특허법에서 특허변리사는 특허지방법원(PCC, Patent County Court)에서 특허 침해소송과 디자인 침해소송을 대리를 할 수 있는 권한을 가지게 되었다. 특허지방법원(PCC)에서 특허변리사는 변호사 (solicitor/barrister) 없이 단독으로 대리가 가능하고, 특허변리사의 단독 소송대리로 인하여 의뢰인은 법률비용을 절감할 수 있을 뿐만 아니라 분쟁 관련 기술에 대한 이해도가 높은 변리사를 소송 대리인으로 활용할 수 있어 소송의 효율성을 제고할 수 있게 되었다.

특허지방법원(PCC)는 2013년에 지식재산기업법원(IPEC, Intellectual Property Enterprise Court)으로 확대 개편되었다.[20] 1990 년 법원 및 법률서비스 법(Courts and Legal Services Act 1990)에 따라,[21] 영국 변리사회(CIPA, Chartered Institute for Patent Attorney)

---

20 1988년 특허법(제287조 내지 제289조)에 따라 적은 비용과 간편한 절차로 이용할 수 있는 특허전문법원으로 특허지방법원(Patents Country Court)이 1990년에 설치되었다. 2013년 범죄와 법원에 관한 법(Crime and Courts Act 2013)은 상기 특허지방법원을 폐지하고 Intellectual Property Enterprise Court (IPEC)을 지식재산권 전문법원으로 설치하였다 (동 법 제17조 제5항 및 Schedule 9의 단락 30(3) 참조).

21 CIPA에게 회원에게 변론권(right of audience)을 부여할 수 있는 단체의 자격이 부여되었다. http://www.legislation.gov.uk/uksi/1999/3137/note/made

에 등록된 모든 변리사는 특허지방법원(PCC) 및 특허법원(Patents Court)에 대한 변론권(right of audience)을 가지게 되었다.

현재 영국에서 변리사의 소송 대리권은 법률서비스법(Legal Services Act)의 틀에 따라 규율되고 있다.[22] 영국의 소송 대리권은 IPReg(The Intellectual Property Regulation Board)이라는 관리감독기구[23]가 제정·운영하는 소송대리에 대한 규칙(이하 '소송대리자격에 대한 규칙', The Rights to Conduct Litigation and Rights of Audience and Other Reserved Legal Activities Certification Rules 2012)[24]에 따라 그 정해진다.

상표변리사의 경우 영국 상표 변리사협회(ITMA: Institute of Trade Mark Attorneys)로부터 소송 인가자격(Litigator Certificates)을 받으면 상표권, 디자인권 관련 소송 수행이 가능하며, 소송 인가자격을 갖는 상표 변리사는 IPEC과 특허법원에서의 상표, 디자인 사건에 대한 소송 수행권을 행사할 수 있다. 2012.12.31.자로 시행된 위 '소송대리자격에 대한 규칙'에서는, 영국 변리사에게 3단계의 대리권을 부여할 수 있다고 밝히고 있다.

---

22 동법 schedule 4에 따라 CIPA 및 ITMA는 각각 LSA에 따른 승인기구(approved regulators)로서 소속 회원에게 4가지 권리('The exercise of a right of audience', 'The conduct of litigation', 'Reserved instrument activities', 'The administration of oaths')를 부여할 수 있는 단체의 자격이 있다.

23 CIPA와 ITMA(현재는 CITMA: Chartered Institute of Trade Mark Attorneys)가 각 단체 소속회원들을 관리감독할 수 있는 독립적 기구를 만들기 위해 함께 설립하였다. https://ipreg.org.uk/public/about-us/

24 https://ipreg.org.uk/wp-content/files/2013/01/IPReg_Regulations_Post-ABS_Website.pdf

첫 번째 단계인 IP 소송자격(IP Litigation Certificate)은 2012. 12. 31. 기준으로 등록되어 있는 모든 변리사에게 자동으로 부여된 것으로, 지식재산기업법원(IPEC)에서 소송 수행권 및 법정 변론권을 부여하므로 모든 변리사는 지식재산기업법원(IPEC)에서 단독으로 소송 수행 및 법정 변론을 수행할 수 있다. 영국특허청(UKIPO)의 결정에 불복하는 고등법원(High Court)의 사건에 대하여 소송 수행권도 갖는다.[25]

두 번째 단계인 고등법원 소송자격(Higher Courts Litigation Certificate)은 특허 변리사 소송 자격증(Patent Attorney Litigation Certificates)을 갖고 있는 변리사들과 고급 소송역량 코스(Advanced Litigation Skills Course)를 이수하여 통과하는 변리사들에게 주어지는데, 지식재산기업법원(IPEC) 소송 수행권 및 법정 변론권에 더하여, 특허법원(Patents Court)에서의 소송 수행권과 법정 변론권을 가지며, 항소법원 및 대법원에서의 소송 수행권도 추가로 갖게 된다.[26]

세 번째 단계인 고등법원 변론자격은 추가로 변론역량 코스(Advocacy Skills Course)를 이수하고 변론 평가(Advocacy Assessment)를 통과한 특허 변리사에게 주어지며, 고등법원, 항소

---

25 상기 규칙의 발효일자 이후 새롭게 등록하는 변리사들은 자격 취득일자로부터 3년 이내에 기초 소송역량 코스(Basic Litigation Skills Course)를 이수하여 통과하여야 하는데, 합격률은 상대적으로 아주 높은 편으로 알려져 있다.

26 종전 제도에 따라 특허 변리사 소송 자격증(Patent Attorney Litigation Certificates)을 갖고 있는 영국 특허 변리사들은 별도의 시험 없이도 새로이 바뀐 제도 하에서 고등법원 소송 자격을 부여 받고, 새로이 자격을 취득하려는 변리사들은 고급 소송역량 코스(Advanced Litigation Skills Course)를 이수하여 통과하는 경우 고등법원 소송자격을 취득할 수 있다.

법원 및 대법원 사건에서 법정 변론권을 추가로 행사할 수 있다.[27]
이와 같이 변리사가 각급 법원에서 소송 대리권을 가지고 있어 사
무변호사(solicitor)의 도움 없이도 법원에서 소송을 수행할 수 있으
며 법정변호사(barrister)에게 소송에 관한 지시를 할 수도 있다.[28]

EU의 지식재산 정책

유럽연합(EU)에서 지식재산권 정책을 추진하는 기구는 유럽특허
기구(European Patent Organization)이다. 이 기구는 1973년에 뮌헨
에서 체결된 유럽특허협약(EPC, European Patent Convention)에 의
거해 1977년에 설립되었다. EU 28개 회원국 외에 특허협약에 참
여한 38개국으로 구성되었다. 기구는 크게 행정이사회와 유럽특
허청으로 구성되어 있다. 행정이사회는 입법 기능을 담당하고 유
럽특허청은 특허출원 심사를 담당한다.

유럽특허청(EPO, European Patent Office)의 특허 출원 건수는
2017년 현재 31만 건 정도이고, 38개 회원국의 출원(47%)보다 비
회원국의 출연(53%)이 더 많다. 실제로 유럽특허청에 등록된 특
허 건수는 2017년에 105,635건인데, 국가별로는 미국(24%), 독일
(18%), 일본(17%), 프랑스(7%), 한국(4%) 순이다.

유럽특허청에 의해 인정된 특허에서 개별 국가 특허의 경우 각
회원국에서 국내 특허와 동일한 방법으로 취급된다. 그리고 개별

---

27 변론역량 코스(Advocacy Skills Course)를 이수하고 변론 평가(Advocacy Assessment)를 통과한
    변리사는 고등법원 변론자격을 취득할 수 있다.
28 이상, 박진석, 『영국변리사의 소송대리권 범위에 대한 연구』, 대한변리사회, 2017, 참조.

국가 특허청을 통해 인정된 국내 특허와 유럽특허청을 통해 부여받은 특허에 대한 침해 금지나 손해배상은 해당국 내에서 효력이 인정된다.

EU에는 상표와 디자인을 총괄하는 업무를 위한 기관으로 유럽지식재산청(EUIPO, European Union Intellectual Property Office)이 있다. 이 기관은 1994년에 유럽공동체상표청으로 출범한 것을 2016년에 명칭을 바꾼 것이다. EU 가입국의 상표와 디자인 출원 및 등록, 보호 업무를 담당한다.

유럽지식재산청은 2018년부터 2025년까지의 전략적 우선과제를 선정하여 지식재산 정책을 추진하기로 하였다. '전략계획 2025'라고 하는데, 취지는 기업들의 창의적 혁신을 통한 기술적 진보 달성과 유럽과 국제 시장에서 충분한 수익을 얻을 수 있는 환경을 마련하기 위함이다.

이 계획은 크게 세 가지 주제로 수행할 계획이다. 첫째, IP 시스템을 단순화하여 사용자 접근과 사용을 용이하게 하는 시스템을 구축한다. 둘째, 실질적이고 효과적인 중소기업의 IP 보호를 위해 EUIPO가 제공해야 하는 서비스를 제공한다. 셋째, 당사자들의 EUIPO와의 교류를 더욱 원만하게 만들기 위해 역동적 조직 기량과 서비스에 대한 효과적인 지원을 한다.

유럽단일특허

EU 내 회원국들 사이의 특허 효력이나 침해 소송 등의 비효율성을 해소하고자 유럽단일특허(Unitary Patent) 시스템이 논의되고 있다. 단일특허는 EPO에 출원하여 특허가 등록되면 EU 회원국에 효력이 미치는데, EU 28개 회원국 중 이탈리아, 스페인, 크로아티아는 효력이 미치지 않는다. EU 단일특허는 기존의 유럽특허나 회원국 특허를 대체하는 것이 아니라 병존한다. EPO의 '단일특허'에 등록되면 25개 회원국에 단일한 효력을 갖게 되는데, 기존의 특허와 병존하기 때문에 유럽특허청에서 등록결정을 통보받으면 1개월 이내에 EU 단일특허로 할지 종래의 유럽특허로 할지를 선택해야 한다. EU 단일특허 제도의 효과는 번역비용을 절감하고, 소송비용이 저렴하고, 소송절차가 간소화되며, 유럽 전역의 무효·손해배상·구제절차가 확립된다는 점에 있다.

유럽통합특허법원(Unitary Patent Court; UPC)은 EU 회원국별로 특허침해나 무효소송 진행으로 EU 내에서 중복재판이 이루어지는 것을 막기 위한 법원이다. 2013년 EU가 단일특허 제도 출범과 함께 통합특허법원 설립에 합의했다. 다만 13개국의 비준이 필요해 출범은 2019년을 목표로 하였는데, 독일에서의 위헌심판과 함께 영국의 브렉시트와 같은 새로운 변수가 생겨 출범에 난항을 겪고 있는 상태다.

지금까지 논의된 통합특허법원 논의를 보면, 통합특허법원은 조약 참여 25개국의 공통법원으로 유럽특허와 EU 단일특허 제도에 대한 전속관할권을 갖는다. 다만 EU 회원국의 특허청에서 부여한 회원국 특허에 대해서는 관할권을 행사할 수 없다. 설립지역은 2심법원으로 중앙 법원은 파리, 런던(화학 및 바이오), 뮌헨(기계) 등 3개 지역에 두기로 했다. 이외에 회원국 법원과 지역부 법원도 1심

유럽특허제도와 단일특허제도 비교

	유럽특허제도	단일특허제도
근거	유럽특허조약(EPC)	Regulation (EU) No. 1257/2012, 1260/2012
적용 국가	EPC 체약국	EU 국가 중 Regulation (EU) No. 1257/2012 참여국
효력 범위	지정국 효력화를 실행한 국가	EU 국가 전역
EPO 업무	출원-심사-결정	출원-심사-결정-등록
관할권	개별 국가의 법원	통합특허법원
소요 비용	지정국 언어에 대한 번역비용과 개별 국가 법원에서 진행되는 소송비용	EU특허 공식언어(영·독·불)에 대한 번역 비용과 통합특허법원에서의 소송비용

자료: 대한민국정부, 『국가지식재산위원회 연차보고서 2018』, 2019.

법원의 기능을 담당한다. 항소법원은 룩셈부르크에 두기로 했다.

유럽통합특허법원에서는 변호사 또는 특허소송자격증(Patent Litigation Certification)을 가진 자가 소송 대리 자격이 있다. 유럽특허소송자격증(EPLC)에 관한 규정은 2015년 9월 제11차 준비위원회(Preparatory Committee)에서 합의되었으며, 유럽특허변리사(European patent attorney)로서 유럽특허소송자격증(EPLC)을 가진 변리사의 소송대리를 허용하였다. 유럽특허소송자격증(EPLC)에 관한 규정에 따르면, 유럽통합특허법원에서의 소송자격증은 EU지역에 설치된 대학이나 비영리 고등교육기관(non-profit educational bodies of higher) 또는 전문교육기관에서 발급하는 자격증(Certificate)을 취득하거나 부다페스트에 설립된 통합특허법원 연수원(Unified Patent Court's Training Center)에서 유럽특허소송과정을 성공적으로 이수한 경우에도 취득할 수 있다.

이상 유럽연합의 지식재산정책 거버넌스의 특징을 살펴보면, 특허와 기타 지식재산업무가 조직적으로 분리되어 있다는 점을 들 수 있다. 유럽특허청이 특허 업무를 담당하고 유럽지식재산청은 상표와 디자인에 대한 출원과 관리 업무를 담당한다. 다음의 특징으로는 수요자 중심의 지식재산정책을 강화하고 있다는 점이다. '전략계획 2025'에서 보듯이 EU 회원국의 시민, 기업, IP 종사자의 이익을 적극 반영하고 있다.

4

특허제도 개선, 이렇게 해야 한다

기술혁신을 위한
국가 연구개발 전략

기술혁신을 위한 지도자의 역할

연구자와 발명가, 창작자와 기업가들을 중심으로 한 국민의 창의
성과 상상력은 기술혁신의 원동력이다. 여기서 지도자의 역할이
무엇보다 중요하다. 지도자는 국가발전의 비전을 제시하고 이를
구현하기 위한 국가 연구개발 전략을 수립하여 열정을 이끌어내
고 상상력을 자극함으로써 연구개발을 고도화하여야 한다.

그러나 연구개발 성과가 미흡하다는 지적은 우리에게 너무도 익
숙하다. 정부 지원예산이 눈먼 돈이라느니, 밑 빠진 독에 물붓기니
하는 말들이 R&D에 꼬리표처럼 따라 다닌다.

정부는 연구개발 혁신 대책을 내놓지만 국산기술 자립도는 큰
개선이 없다. 일본수출규제 사태로 인해 소위 '소부장(소재·부품·장
비) 특별법'이 발의되는 등 국가 차원의 연구개발 전략을 재정비하
고는 있지만, 그 지원성과를 평가함에 있어서 특허라는 잣대는 여

R&D 이원화 전략

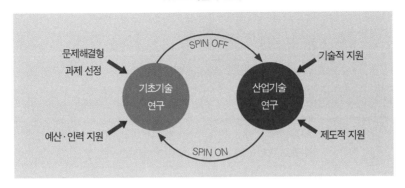

전히 찾아볼 수 없다. 기존 소재·부품 전문기업 육성법이나 R&D 정책 등이 가지고 있던 깜깜이 지원의 문제점이 개선되었다는 징후를 찾기 어렵다.

이와 같이 큰 차이 없는 정책이 되풀이되어 시행되는 것은 정확한 문제점 진단부터 이루어지지 않고 있다는 것을 의미한다. 개선 방안은 두 가지로 요약할 수 있다.

기초기술과 산업기술의 구분지원

첫째는 기초기술과 산업기술의 구분지원이다.

기초기술은 기술패권의지가 필요한 영역이다. 당장 돈 되는 기술을 찾는 조급함에서는 탄생할 수 없으며, 해결과제의 설정과 이를 반드시 달성하고자 하는 열정이 있어야 가능하다.

이를 위해서 우리는 우리 사회의 각종 경험과 과제를 바탕으로 국가의 해결 과제(미션)를 설정할 필요가 있다. 이를 실현하기 위해서는 국가주도의 연구개발 전략이 필요하다. 과거의 연구개발 전

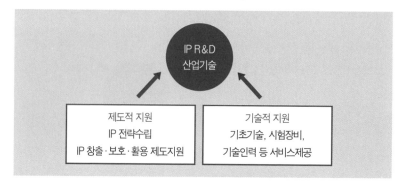

IP R&D 산업기술 지원

략이 단순히 경제성장을 위한 것이었다면, 지금의 연구개발은 새로운 기술의 창안과 혁신을 위한 것이다. 미션형 연구개발은 가치 있는 기초기술을 창출해 낼 수 있으며 기술의 고도화 및 기술혁신을 이끌어낼 수 있다.

국가가 제공하는 이러한 기초기술은 기업의 응용연구를 통해 산업의 성장 동력으로 작동한다. 미션형 연구개발을 위해서는 예산 규모면에서도 과거와는 비교할 수 없는 막대한 투자가 요구된다. 미션형 완성을 위해 부족한 기술에 대한 국가차원의 연구과제 계획이 수립되어야 한다. 국가 과제로서의 명확한 목표를 바탕으로 한 미션형 연구개발을 진행할 때만이 기초기술 연구가 가능한 것이다.

이와 같이 국가주도의 기초기술 연구개발 전략과 산업상 경쟁적으로 활용되는 산업기술 연구개발은 구별되어야 한다. 미션형 연구개발을 통해 개발된 기술 중 산업상 이용가능성이 있는 것을 산업계에 확산시키는 작업이 필요하다.

산업으로 확산된 고품질의 기술은 다양한 분야에서 활용될 수 있는 기술로 발전하도록 기업들이 개량해 나간다. 그 과정에서 기업이 얻는 지식재산에 대한 독점권, 재산적 가치 등의 인센티브는 기업의 수익이 된다. 따라서 탄탄한 특허 제도만이 기업의 독점권, 산업재산권 등을 보호하고 새로운 기술개발의 의지를 샘솟게 할 수 있다. 특허 제도는 R&D에서 지식재산 전략을 사전 수립(IP R&D)하여 좋은 품질의 특허를 추구하도록 방향성을 명확히 하고, 강력한 특허보호와 활용을 지원할 수 있어야 한다.

기업에 대한 직접적 예산지원은 연구개발에의 열정이나 자생력에 오히려 장애가 될 수 있다. 고용창출과 기업의 성장은 단순 예산지원이 아니라 기술지원과 제도적 지원을 통해 달성해야 한다. 따라서 국가주도의 연구개발 전략에는 적극적인 예산지원이 필요하고, 산업상 연구개발은 단순 예산 지원보다는 기술과 제도적 지원이 더 중요하다.

지식재산제도를 근간으로 수익을 창출한 기업에게는 기술개발은 반드시 수익으로 이어진다는 교육효과가 발생하게 되며, 다시 지식재산활동에 지속적으로 재투자를 하게 된다. 그리고 이는 고용창출 및 경제성장의 선순환으로 이어지게 된다.

특허성과 평가체계의 개선

둘째는 특허성과 평가체계의 개선이다.

첫째 방안에서 기초기술과 산업기술의 구분지원을 논했다. 기초기술이건 산업기술이건 이것이 최종 제품에서 역설계를 통해 그 기술적 원리가 공개될 수 있는 것이라면 모방에 대비해야 한다. 즉, 기술을 적용함에 있어서 특허로 무장을 해야만 한다는 것이다. 특허는 자기 기술의 권리영역을 천명하는 것이며, 이를 하지 않으면 누구나 모방해도 된다는 잘못된 신호가 되기 때문이다.

따라서 제품 생산을 목적으로 하는 산업기술의 경우, 특허권의 확보는 필수적이다. 기술을 좋은 특허로 무장하지 않으면 기술개발은 완성되지 않은 것이나 마찬가지다. 이것이 기술개발의 성과를 특허성과로 평가해야 하는 이유다.

그러나 안타깝게도 우리나라 연구개발 정책에서는 특허성과 평가를 하지 않는다고 해도 과언이 아니다. 앞서 살펴본 바와 같이, 연구과제별 특허성과는 특허 건수로만 바라보고, 이에 대한 평가도 정량적 지표로만 평가하기 때문이다. 연구개발 결과 좋은 특허권을 확보하였는지를 판단하지 않는 것이다. 결과적으로 연구개발이 제대로 되었는지를 평가하지 않는 눈먼 정책이라는 얘기다.

특허성과에 대한 질적 평가, 이 부분이 연구개발의 성과를 컨트롤할 수 있는 방향타이다. 지금이라도 특허성과평가에 있어서 특허품질을 평가할 수 있는 기준과 절차를 시급히 마련해야 한다. 이러한 특허품질을 평가할 수 있는 기준과 절차를 마련하고, 정부와 공공기관 등을 중심으로 한 연구성과에 대한 특허보호와 품질을 강화하기 위해서는 '특허품질 관리 특별법' 등의 제정이 필요하다.

특허출원,
품질이 중요하다

특허품질의 중요성

2019년 7월 일본의 수출규제 사태는 물론 미·중 간에 전개되는 무역 분쟁으로 지식재산권의 중요성이 크게 부각되고 있다. 우리나라는 특허품질 관리를 위한 정책이 전무했기 때문에 특허 제도가 산업경쟁력으로 연결되지 못하였다. 철학과 고민을 요하지 않는 특허의 양적 성장만 이루면서 특허 제도가 사회후생적 관점에서 제 역할을 하지 못했다.

특허품질이 낮으면 특허에 대한 다른 정책은 의미가 없다. 음식점에서 음식이 맛이 없는데 아무리 다른 서비스를 개선해도 한계가 있는 것과 마찬가지다. 특허품질을 높이는 것이 특허 제도 경쟁력의 관건이다. 특허품질은 기술품질·출원품질·심사품질의 총합체로서, 특허품질을 높이기 위해 필요한 것은 인력의 전문성과 활동여건 개선이다. 즉, 전문가의 전문성을 잘 활용할 수 있어야 한다는 것이다.

특히, 출원품질을 측면에서 전문가인 변리사의 전문성과 활동여건을 살펴보면 여기저기 적신호가 켜져 있다. 우리나라에서는 지식재산서비스 산업을 육성해야 한다는 목소리가 크게 자리잡아왔다. 얼핏 들으면 당연한 이야기 같지만 오늘의 현실을 직시해보면 심각한 문제점이 도사리고 있다.

지식재산서비스

지식재산서비스 산업이란 지식재산과 관련된 서비스산업을 통칭한다. 지식재산서비스 산업은 크게 지식재산 법률서비스와 지식재산 정보서비스로 구분된다. 먼저 지식재산 법률서비스는 특허 출원이나 권리 범위의 설정과 감정, 특허 침해와 관련한 판단 분석 등 전문성을 기반으로 한 법률적 판단이 요구된다. 이는 발명가와 기업의 특허품질에 결정적 영향을 미친다. 그러므로 지식재산 법률서비스라는 직무의 중요성과 전문성, 공공성을 고려한다면, 당연히 해당 업무 수행 자격을 갖춘 전문가인 변리사가 전담해야 하는 것이 마땅하다.

이에 반해 지식재산 정보서비스는 특허 심사를 위해 과거에 유사한 기술이 있는지 선행 기술 조사를 하는 작업 등을 말한다. 또 지식재산 정보의 조사 및 자료 처리, 데이터베이스 구축, 번역 등 특허 출원이나 심사를 보조하는 성격이 강하다. 변리사나 특허청 심사관의 관리 감독 아래 업무를 보조하는 성격이므로 능력만 있다면 누구든지 진입할 수 있다.

기업의 특허품질을 사람으로 비유해본다면 건강과도 같다. 기업에게 특허품질이란 기업의 사활이 걸린 문제이며, 이를 좌우하는 지식재산서비스는 의료서비스와도 같다. 건강과 의료서비스는 전문적인 의료인이 수행하듯이 지식재산 서비스산업의 육성은 전문성과 공공성을 토대로 해야 하는 것이 마땅하다.

그러나 최근 특허청의 지식재산 서비스산업 육성 기조를 살펴보면 우려되는 바가 크다. 특허품질 제고를 위한 지식재산 법률서비스와 지식재산 정보서비스 각각 본연의 역할 및 전문성 강화에서 멀어지고 있기 때문이다.

특히 일자리 창출이라는 명분하에 지식재산 정보서비스산업의 육성에 매몰됐다는 우려와 비판의 목소리가 크다. 그리하여 예를 들어, 국회 국정감사에서도 특허청의 '심사 외주' 문제가 여러 차례 논란이 된 바 있다.

특허 출원 비용은 특허 품질과 직결

한편, 우리 속담에 '싼 게 비지떡'이라는 말이 있다. 싼 만큼 품질이 좋지 못하다는 뜻이다. 물론 값싸고 품질이 좋다면 더할 나위 없겠지만 대부분 현실은 그렇지 않다. 특허도 마찬가지다.

특허가 등록되기까지 차이는 있지만 비용이 들게 마련이다. 변리사 업무를 하다 보면 무조건 싼 비용에 특허출원을 하려는 기업과 의뢰인을 많이 보게 된다. 특허품질에 대한 이해가 부족하기 때문이다. 반면, 미국에서는 스타트업들도 기술개발을 하면 비용에 관계없이 실력있는 변리사, 오히려 비용이 제일 비싼 변리사를 찾아간다고 하는 것과 뚜렷하게 대조된다.

특허란 시간과 노력의 싸움이다. 당연히 그에 따른 변리사 비용
도 차이가 발생하게 된다. 좋은 특허는 해당 기술에 대한 체계적
인 분석을 토대로 권리 범위를 적절히 설정하고 다양한 형태의 권
리침해와 분쟁에 대비할 수 있어야 한다. 그렇지 않으면 아무리 좋
은 기술도 특허가 쉽게 무효로 되거나 권리범위가 기술도용에 대
응할 수 없게 출원, 등록되어 있어서 결국 권리행사도 하지 못하고
벙어리 냉가슴 앓듯 하게 된다. 출원 비용 몇 푼 아끼려다 나중에
크게 후회하기 십상이다.

문제는 특허품질에 대한 이 같은 인식 부족이 사회 전반에 만연
해 있다는 점이다. 단적인 사례로, 우리나라에서 중간 난이도 기
술을 특허출원하는 데 소요되는 시간을 미국과 비교하면 1/6.5이
고, 비용은 1/10 수준에 불과한 것으로 나타났다. 우리나라가 양
적인 측면에서 그래도 특허 5대강국의 지위에 올라선 것은 변리
사들의 낮은 비용 대비 가성비 높은 업무수행의 덕택이기도 하지
만, 이러한 낮은 수준의 시간투입과 비용으로 미국과 일본 등 경
쟁국과 대등하거나 이를 뛰어넘는 특허품질을 갖기를 바라는 것
은 농부가 씨앗도 뿌리지 않고 큰 수확을 거두기를 바라는 것과
마찬가지다.

이런 날림 특허 출원과 저가 특허비용은 정부가 조장한 측면이
크다. 2018년 특허청 조사에 따르면, 정부 및 산하 연구기관이 보
유한 특허의 대리인비용은 민간의 절반 수준에 불과했다. 정부 등
공공기관이 오히려 저가 특허출원을 조장해온 것이다.

대학 역시 별반 다르지 않다. 서울대와 KAIST의 자국 내 연간 특허출원 건수는 미국의 스탠퍼드 대학보다 3배 이상 많지만, 건당 특허 비용은 1/10 수준에 불과하다. 한 마디로 돈이 되는 고품질 특허가 나오기 힘든 구조이다. 실제로 국내 대학과 공공연구기관의 기술이전 건당 수입은 2016년 기준 2,200만 원인 데 반해 미국은 4억4,500만 원으로 무려 20배 차이가 나는 것으로 조사되었다. 미국은 돈이 될 만한 특허에 비용을 아끼지 않는 대신 그로 인해 훨씬 많은 수익을 내고 있는 것이다.

2019년 1월에 정부는 국유특허는 물론 대학과 공공연구기관의 특허 대리인비용을 민간수준으로 끌어올리는 내용을 포함한 '특허활용 혁신방안'을 발표했다. 특허출원 품질강화를 위해 변리사의 역할을 강화하고 그에 상응하는 적절한 보상을 위한 정책추진과 공감대 형성에 정부가 나선 것이다. 이를 계기로 민간부문에서도 특허출원 품질강화를 위한 노력이 함께 어우러진다면 우리나라는 세계 4위의 출원대국에 걸맞는 특허품질 강국에 한 발짝 더 다가서게 되기를 기대한다.

변리사는 출원품질뿐만 아니라 IP R&D에서 기술품질에 기여하고, 특허청 심사관과의 조율을 통해서 심사품질에도 기여하게 된다. 특허품질을 향상시키는 것이 변리사의 국가적 역할인 것이다. 그러나 변리사의 전문성을 훼손하고 변리사의 활동 여건을 악화시켜 변리사를 잘 활용할 수 없도록 하는 법제상의 문제점들이 산재해 있다. 이를 해결하는 것이 특허품질 개선의 첫 단추이다.

변리사의 전문성 강화되어야

출원품질과 관련한 변리사의 업무는 연구개발 성과를 좌우하는 것으로서 작게는 기업 크게는 국가 산업과 경제발전에 영향을 미친다. 이것이 기술의 연금술사요 산업계 병사라고 할 수 있는 변리사의 직무 공공성이다. 전문자격 중에 과학기술과 산업발전, 경제발전을 목적으로 하고 이를 지향하는 자격은 변리사가 가장 두드러진다고 할 수 있다. 그래서 변리사의 업무를 이해하지 않고는 산업발전을 논할 수 없다. 여기에 변리사의 전문성과 역할의 중요성이 있고, 변리사 업무여건의 개선의 당위성이 있는 것이다.

먼저 변리사의 전문성이 강화되어야 한다. 변리사법 제3조의 구시대적 자격특혜는 폐지되어야 한다. 변리사는 엄정한 절차를 거쳐 선발되어야지 특혜식으로 변호사에게 변리사 자격을 부여하는 것은 국익관점에서 볼 때 백해 무익하다. 국민을 차별하는 특별대우인 자격특혜, 이는 아무리 반대의견이 있다 해도 국가적으로 결단하여 폐지하여야 하는 우리 사회의 암적 요소이다.

자격특혜 때문인지 우리나라는 변리사 자격 관리에도 구멍이 많다. 변리사는 업을 하기 위해서는 등록 후 대한변리사회에 가입하여 주기적인 교육(의무연수)을 받고 직업윤리에 의거한 업무수행을 하도록 관리되어야 한다. 그러나 대한변리사회에 가입하지 않고 업을 하는 변리사가 등록 변리사 중 상당수가 있는 것으로 추정된다.

등록 변리사 중 대한변리사회 미가입자는 대부분이 변호사출신으로 자동으로 변리사등록을 한 사람들이다. 자격특혜에 감사하고 부족한 점을 보완하려고 노력을 해도 부족한 마당에 기본적인 사후적 관리와 의무조차 거부하며 특허청의 징계처분 등에 대해 행정소송을 남발하고 있다. 주어서는 안 될 자격특혜가 발단이 되어 변리사 자격이 관리되지 않는 국가자격사로 전락하고 있는 것이다.

변리사 자격 관리 체계 강화

변리사 자격 관리 체계를 강화할 필요가 있다. 직무의 공공성 차원에서 사명 규정과 갱신등록제도를 부활시키는 방향으로 변리사법을 개정하여 엄정하고 수월한 자격관리가 되도록 할 필요가 있다. 또한 대한변리사회에 변리사에 대한 1차 징계권을 이관하여 변리사회 스스로 자정기능을 강화하여 변리사의 전문성과 직무윤리를 보다 효율적으로 관리할 수 있도록 해야 한다.

명의대여는 모든 자격의 공통 문제이다. 명의대여를 뿌리 뽑기 위해서는 명의대여자뿐만 아니라, 국민권익위원회에서 권고한 대로 명의대여를 받거나 명의대여를 알선하는 자를 처벌하는 규정을 법에 명확하게 규정하도록 개정해야 한다.

전문가가 인정받고 전문가가 많은 사회가 선진사회이다. 자격관리 강화는 전문가 확보와 관리 차원에서 필수적인 작업이다. 기존의 무질서를 선호하고 자격관리 강화를 규제라며 방해하는 세력에 대해서는 정부가 국익과 국가발전을 위한 관점에서 엄정하게 대응해 나가야 할 것이다.

또한 변리사법 제2조는 변리사를 어떻게 활용할 것인가를 규정하는데, 아직도 변리사법은 1961년 제정 시기, 60년 전의 시대적 상황을 반영하고 있다. 그 이후 얼마나 산업이 다양화되었으며 지식재산의 개념도 확장되어 왔는가. 그에 따라 변리사는 지식재산이 있는 곳이라면 어디서나 활약해 왔다.

이에 따라 변리사 업무도 현실에 맞게 재설정하는 개정작업이 필요하다. 변리사의 활용은 4차 산업혁명 시대의 국가 성장전략의 일환인데, 이를 폭넓게 설정함으로써 국민이 만들어 내는 지식재산을 더욱 촘촘하게 보호할 수 있다.

변리사의 업무여건 개선은 곧 적절한 보수체계(수가)의 개선으로서, 업무투입시간을 늘리기 위한 것이다. 현재의 수가로는 변리사가 업무에 투입할 수 있는 시간이 턱 없이 부족하기 때문인데, 국유특허 대리인 비용 가이드라인이 대학, 공공연, 공기업에 잘 뿌리 내릴 수 있도록 관련 규정의 개정작업으로 이어지는 것이 필요하다.

이와 관련하여 20대 국회에서 발의된 법안과 추가적으로 입법이 필요한 법률들을 살펴보면 다음과 같다.

지식재산정책 거버넌스 체계의 개편을 위해서는 기존의 모방과 양 위주의 정책에서 산업의 혁신을 위한 지식재산권의 품질 강화로 방향을 전환하는 '새로운 지식재산전략 및 비전의 수립'이 필요하다. 이와 함께 지식재산기본법을 개정하여 국가지재위의 위원장을 대통령이 직접 맡도록 하고(현재는 국무총리와 민간위원 공동위원장), 청와대에 지식재산정책집행관을 신설하며, 국가지재위의 위원 구성을 전문성, 투명성, 대표성을 갖도록 하고, 그 집행력 등을 강화할 필요가 있다.

또한 특허품질을 강화하고 강한 특허를 확보하도록 하기 위해서는 출원인이 특허출원을 진행한 후에도 출원된 발명내용을 개량,

보완하여 가공할 수 있도록 미국 특허법상의 계속출원(CA), 일부
계속출원(CIP) 등과 같은 특허가공제도[29]를 허용하도록 특허법을
개정할 필요가 있다.[30] 현재 우리나라 특허법에도 분할출원 제도가
미국의 계속출원(CA) 제도와 같은 역할을 수행하고 있고, 국내우
선권 출원제도가 특허출원을 가공할 수 있는 제도의 하나로 운영
되고 있지만, 분할출원은 새로운 내용을 추가할 수 없고 국내우선
권 출원은 선출원일로부터 1년 내에만 제한되는 등의 시기적 제한
이 있어 이에 대한 보완이 필요하다.

특허품질관리특별법 제정 필요

그리고 특허품질을 강화하기 위해서는 우선은 정부 및 공공기관
의 연구성과와 정부지원을 받는 연구 및 기술개발 성과에 대한 특
허보호와 특허품질을 평가할 수 있는 기준과 절차를 마련하고 이
를 실행하기 위한 '특허감리제도'를 도입하기 위한 '특허품질관리
특별법'의 제정 등 새로운 입법적 노력과 정책추진이 필요하다.

　나아가, 2018년 특허법과 부정경쟁방지 및 영업비밀보호에 관
한 법률에 징벌적 손해배상제도가 도입되어 2019년 7월부터 시행
에 들어갔는데, 디자인보호법 및 상표법 등에도 디자인권 침해와
상표권침해에 대해 징벌적 손해배상제도를 추가로 도입하도록 법
이 개정되어야 한다.

29　이해영 변리사 저, 『미국 특허법』, 한빛지적소유권센터, 2012, 참조.
30　이진수, 「출원품질 향상을 위한 제언」, 우원식 국회의원, 대한변리사회 주최, 『특허품질
　　수호 선언대회 자료집』주제발표 2, 88쪽 참조.

20대 국회에서 발의된 변리사법 개정안

조문	주요내용
제1조, 제2조, 제21조 (우원식 의원)	• 제4차 산업혁명시대에 맞게 변리사의 역할과 수행업무를 현실화함 • 변리사 아닌 사람의 변리행위를 금지함(법률에서 허용하는 경우는 예외)
제4조의3(우원식 의원)	특허청 공무원에 대한 변리사 시험 특혜제도 폐지
제8조(주광덕/김병관 의원)	특허침해소송에서 변호사와 변리사의 공동소송대리
제22조의2 등 (최연혜 의원)	• 의뢰인-변리사간 비밀유지특권을 신설함 • 사무직원의 비밀 누설·도용 행위 처벌함
제24조(유동수 의원)	비변리사의 변리행위 처벌
제8조의 3(최인호 의원)	변리사의 명의, 자격증 및 등록증의 대여 등과 알선행위를 처벌함
제1조의2(사명) • 제8조의4(사무직원) • 제8조의5(광고) • 제15조의2(공익활동) • 제22조(유사명칭 사용금지) • 제24조(벌칙)(우원식 의원)	• 변리사의 직무공공성에 기반하여 공익활동 의무를 부과함 • 거짓·부당광고 처벌 • 유사명칭 사용자 처벌
제4조(결격사유) • 제5조(등록 및 등록갱신) 등 • 제11조(변리사회의 입회 및 회칙준수 의무) • 제16조(변리사제도심의위원회) • 제17조(징계), 제17조의3 (징계위원회의설치) 등 • 제17조의23(업무정지명령) 등 • 제25조(미등록 업무금지) (우원식 의원)	• 변리사 등록과 회가입을 일원화하고, 등록을 5년 단위로 갱신하도록 하여 변리사 정보를 주기적으로 현행화 함 • 특허청 징계권 일부를 변리사회에 이관하여 변리사 단체의 자율정화기능이 활성화 되도록 함

또한 최근 주요 해외 기업들이 한국에 대한 특허출원을 제외하는 등의 코리아 패싱이 문제되고 있고 국내 일부 대기업 등도 국내

특허출원에 소극적인 태도를 취하면서 국내 특허출원 없이 해외 특허출원을 진행하는 사례들이 있는 것으로 파악되고 있다. 미국 등의 국가들에서는 국가안보와 전략적 이익과 관련한 특허출원은 반드시 자국내에서 먼저 특허출원을 진행하도록 의무화하고 있다.

반면, 우리나라 특허법에서는 제41조에 국방상 필요한 경우 외국에 대한 특허출원 금지와 비밀유지 명령을 할 수 있는 제도를 두고 있으나, 좀더 넓은 범위에서의 국가안보나 핵심기술 등의 전략적 이익을 보호하기 위해 국내 선출원 의무를 부과하는 규정은 없다. 그러나 국내 출원 없이 해외 특허출원을 진행할 경우 기술유출, 국가의 안보와 핵심기술 등의 해외무단 유출이 이루어지는 결과가 될 수 있고, 국내 특허기술의 국내에서의 미공개에 따른 국내 기술발전 촉진을 저해하고, 국내 특허의 로열티 수입에 대한 수익원을 상실하고 국부를 유출하는 결과가 초래될 수 있다.

또한 국내 발명자에게는 국내법에 따른 발명에 대한 보상기회가 박탈되고, 로열티 수입에 대한 국내과세 회피 수단으로 악용될 소지가 있다. 따라서 이러한 문제점 등을 방지하기 위해서는 국내 발명 등의 국내 선출원 의무를 도입하도록 특허법과 실용신안법, 디자인보호법 등을 개정할 필요가 있다.[31]

실용신안 육성

특허청 발표 통계에 따르면, 우리나라의 연간 특허출원 건수는

---

31 위 같은 발표자료 제86쪽 참조.

2018년 209,992건을 기록했지만 실용신안은 6,232건을 기록한 것으로 나타났다. 실용신안 출원은 2000년대 초중반까지는 3~4만 건을 유지했지만 2013년 후로는 1만 건 이하로 떨어진 것이다. 실용신안 제도는 원래 소발명을 보호하여 중소기업을 육성하고 발전시키기 위해 도입된 제도지만, 이제는 제도의 존립과 필요성에 의문이 제기되는 상황에 이른 것이다.

이는 특허와 실용신안 모두 '자연법칙을 이용한 기술적 사상의 창작'을 동일한 보호대상으로 하고 있고, 다만 고도성이 있는 것을 특허로 보호하고 고도하지 않은 것을 실용신안으로 보호하도록 하고 있지만, 특허청의 심사과정에서 등록요건인 진보성 요건 등에 대한 판단에서 특허와 실용신안 간에 사실상 별다른 차별성이 없이 운영되어 온 결과이다.

한편, 특허는 존속기간이 출원일로부터 20년이지만 실용신안의 존속기간은 출원일로부터 10년에 그쳐 존속기간이 특허의 절반에 그친다. 그래서 기업 등의 출원인이나 대리인인 변리사의 입장에서는 같은 기술이라면 먼저 특허출원을 통해 보호를 시도하고 실용신안 출원은 외면하게 된 것이다. 그러나 고도성을 요하는 특허는 대부분 대규모 연구시설과 인력을 보유한 대기업과 공공연구기관 등에 의해 주도되고 있다고 할 수 있다.

반면, 중국은 실용신안 제도를 특허와는 진보성 판단 등을 차별성 있게 운영하여 출원비중이 높고 실용신안에 의한 보호 효과도 적지 않은 것으로 평가되고 있다. 그래서 중국에서는 주요 외국 기업들이 특허만이 아니라 선등록된 실용신안으로 인해 곤욕을 치르고 패소하는 사례들도 발생한 것으로 알려지고 있어 주의를 요하고 있다.

따라서 우리나라도 국민 개개인의 발명 창작 의욕을 고취하고 중소 벤처기업, 스타트업 등의 소발명을 보호하여 내수 기반을 중심으로 한 산업의 발전과 혁신도 동시에 촉진하기 위해서는 실용신안법을 개정하여 기존의 '물품의 형상, 구조, 조합'에 제한된 보호대상을 확대하고 등록요건인 진보성 요건을 폐지하거나 또는 중국과 같이 인용할 수 있는 선행기술과 기술의 분야를 제한하는 등의 입법과 새로운 정책추진이 필요하다.

소송품질 제고

특허품질을 완성하는 마지막 단계는 강한 권리보호이고 이를 위해서는 특허권자의 권리행사시 소송품질의 제고가 필수적이다. 그러나 우리나라에서 실제로 특허권자가 권리행사를 위해 소송절차에 들어가는 경우, 특허출원과 심사, 심판, 그리고 특허법원과 대법원에서의 심결취소소송을 대리해온 특허 등 지식재산권에 관한 국가공인 전문가인 변리사들을 민사지방법원 등에서 소송대리인으로 선임하는 것이 불가능한 상황이다.

1961년 변리사법 제정 당시부터 변리사법 제8조(소송대리인이 될 자격)에는 "변리사는 특허, 실용신안, 디자인 또는 상표에 관한 사항의 소송대리인이 될 수 있다."고 명문으로 규정되어 있다. 그 입법취지는 "변리사가 재판소(법원)에 대해서도 특허나 상표에 대해 대리인으로 나가서 대리를 할 수 있도록 길을 열어 놓음으로써 변리사제도를 확립"하도록 하여 변리사가 특허 등에 관한 법원에 대한 대리와 함께 소송대리인으로 될 수 있도록 한 것이다.[32] 그럼에도 불구하고, 대법원과 헌법재판소에 의해 여기에서의 '소송대리인'은 특허법원과 대법원의 심결취소소송에만 제한된다는 해석(판결)이 내려져 변리사들의 소송참여가 봉쇄되고 있는 것이다.

과거 서울고등법원과 일부 지방법원의 특허침해소송 등에서 변리사의 소송대리가 허용된 사례들이 있고, 재판부와 원·피고의 소송대리인인 변호사들이 특허법과 기술의 실체적, 절차적 쟁점을 이해하는 것을 돕기 위해 '기술설명회'라는 특별기일을 통해 변리사들이 소송에 간접적으로 참여해 왔다. 그러나 변리사들의 소송대리권이 이슈화되면서 법원에서 해석론을 통해 변리사의 소송대리권을 제한하고 있는 것이다. 1961년 변리사법 제정 당시 변리사법 제8조에서 변리사가 특허 등에 관한 사항의 소송대리인이 될 수 있다고 규정한 입법취지는 재판소에서의 소송대리를 허용하기 위한 것이었음은 위와 같이 당시의 입법을 전후한 국회 기록에서도 분명하게 확인되고 있다.

그러나 변리사들은 1961년 변리사법 제정 이후 대법원에서의 심결취소에 관한 대법원 상고 사건을 대리하여 왔으며, 1998년 특

---

32 제5대 국회 제38회 국회 상공위원회 회의록 제12호, 민의원사무처(1961년 3월 24일), 12-13면의 상공부 사무차관의 제안설명 참조. 이에 대해서는 김영환, 『변리사법 제2조 제8조에 대한 헌법적 분석』, 유럽헌법연구 제10호, 2011. 12., 192면; 정극원, 「헌법재판소 결정으로 본 4차 산업혁명시대의 사법권과 입법권의 경계에 관하여」, 대한변리사회와 국회의원 이원욱, 주광덕, 김병관 등 공동주최 토크콘서트 자료집, 『특허소송과 소비자주권』, 2018. 11., 제32쪽 참조.

허법원 설립 이후에는 특허심판원의 심결에 대한 특허법원의 심결취소소송과 대법원 상고 사건을 소송대리인으로서 수행해 왔다. 비록 대부분은 행정소송 사건에 제한되어 있다고 할 수 있으나, 변리사들은 1961년 변리사법 제정 이후 무려 58년 이상 소송대리 업무를 수행해 오고 있는 것이다.

그리고 1998년 특허법원 출범을 전후해서부터는 변리사시험에서 민사소송법을 2차 필수과목으로 채택하여 시험을 시행해 왔고, 아울러 1996년 9월부터 12월까지 변리사들에게 대한변리사회 주관으로 사법연수원이 실시한 '민사소송실무연수'를 비롯하여 23년 이상 계속하여 대한변리사회에서 매해 2차례 이상의 집중적인 지식재산권소송실무연수를 실시하여 왔다. 이 지식재산권소송실무연수를 이수한 변리사들을 그 동안 연인원으로 계산하면 2019년까지 25회에 걸쳐 10,042명에 이른다. 이처럼 변리사들은 이미 특허 등 소송대리업무를 장기간에 걸쳐 수행해 오고 있고, 아울러 장기간에 걸쳐 소송실무연수교육을 집중적으로 실시해 왔다는 점에서 차별성과 특수성이 있다.

저자도 여러 특허침해소송 사건에서 변호사들과 협력하여 실제 침해소송 업무를 처리한 경험이 있다. 변리사인 본인이 소송 사건에서 대부분의 소장과 준비서면, 증거 등을 작성, 준비하고 변호사들이 법정 변론에 나섰다. 그리고 변호사가 변론과정에서 답변 등을 하지 못할 경우에 대비해 변리사로서 법정의 방청석에서 변론을 참관하고 지원하곤 했다. 그러나 이러한 특허침해소송 사건의 수행 과정에서 저자는 본인이 작성한 소송서류 등에 대리인으로서 이름을 올리지 못했다. 실제 서류를 작성한 변리사는 정작 소송 서류에 이름조차 올릴 수 없는 것은 불합리하고 정의롭지 못한 일이 아닐 수 없다.

특허침해소송에 변리사가 참여해야

특허침해소송 등을 다수 수행하는 대형 로펌들에는 대부분 변리사들이 소속되어 있어 변리사들이 실질적인 업무를 처리하고 있는 것이 실정이다. 특허침해소송 등에서 명성이 있는 중견 로펌들은 변호사와 변리사들이 성공적으로 협업을 하고 있는 사례들이다.

이는 변호사들은 일반적인 소송절차 등에서 강점을 가지고 있다면, 변리사들은 분쟁의 대상이 되는 특허의 출원과 특허청의 심사단계, 특허심판원의 심판단계, 그리고 특허법원과 대법원의 심결취소소송 등의 과정을 거치면서 특허의 심사이력(prosecution history)과 권리범위, 선행기술과 권리의 강약, 법적, 기술적 쟁점들을 정확히 파악하고 있기 때문이다. 저자도 특허침해소송을 변호사들과 다수 협력하여 수행해 왔지만, 일반 변호사들은 대부분 변리사들의 협력과 참여 없이는 특허 등 침해소송 사건에서 특허권의 권리범위와 유무효에 관한 법적, 기술적 쟁점들, 공격과 방어의 대상을 파악하기 어려운 것이 실정이다.

특히, 특허사건에서는 특허권자를 대리하여 공격 또는 방어에 치중하다가 특허권 취득 이전의 출원 심사 당시의 주장과 다른 주장을 전개하여 금반언의 원칙을 위반하거나 자신의 권리의 약점(무효사유)을 스스로 노출하는 사례들도 있다. 또한 특허법과 실용신안법, 디자인보호법, 상표법은 각각 보호대상이 다르고 보호요건과 심사의 절차, 권리범위 등의 실체에서도 차이가 있고 보호기간도 각기 다르고 장기간에 걸치는데, 준거법이 출원 시점에 따라 각기 다르기 때문에, 변리사가 아니면 특허침해 사건에서 기술적 쟁점만이 아니라 절차법적, 실체법적 쟁점을 빠른 시간에 이해하여 파악하기 어렵다. 특허권자나 기업으로서는 자신의 사업의 성패와 존망이 걸린 사건에서 정확하고 신속한 사건 처리에 어려움을 겪게 될 수 있는 것이다.

또한 예컨대 특허법원에 관할집중되어 있는 특허 심결취소소송과 특허권 침해금지 또는 손해배상청구소송 등의 쟁점은 권리의 유무효(권리의 유효성)와 권리범위 판단, 침해여부(권리범위 속부) 판단 등으로 실질적으로 크게 다르지 않다. 그럼에도 현재 특허법원에서는 동일한 특허권자와 침해자, 즉 동일 당사자 간에 특허무효에 관한 심결취소소송과 민사 침해소송(침해금지 및 손해배상 청구 등)이 제기되어 병행 심리되는 경우, 심결취소소송에서는 변리사의 소송대리가 허용되어 변리사가 변론에 참여하는 반면, 같은 당사자의 관련 사건인 특허침해소송 사건에서는 전문가인 변리사의 소송대리가 허용되지 않아 변론에 참여하지 못하고 배제되는 기형적 소송구조로 심리가 진행되고 있다. 동일한 특허법원의 동일한 재판부에서 진행하는 동일한 당사자의 특허소송 사건에서 한 사건에서는 변리사의 소송대리가 가능함에도 다른 관련 사건에서는 변리사의 소송대리가 허용되지 않고 배제되는 일반인으로서는 이해하기 어려운 상황이 전개되고 있는 것이다.

변리사의 소송대리 당위성

이처럼 특허 등 지식재산전문가인 변리사들의 특허 등 침해소송대리가 허용되지 않음에 따라, 특허권자 등 소송당사자들은 기존에 자신들을 대리해 온 변리사 외에 변호사들을 추가로 선임해야 하고, 변호사들에게 별도로 복잡한 특허발명과 사건내용을 설명하여 이해시켜야 하며, 반대로 먼저 변호사들을 선임한 당사자들은 별도로 변리사들을 선임하거나 로펌 내에 있는 변리사들을 선임하더라도 그 비용을 사실상 추가로 지불해야 하는 부담을 안게 된다. 또한 실제 소송의 변론 진행과정에서 복잡한 법적, 기술적 쟁점에 대해 재판부가 질문하거나 상대방의 주장을 반박해야 하는 경우 대리인으로 선임된 변호사가 답변을 하기 어려운 경우 변리사들이 방청석에서 쪽지를 전달하여 변론을 진행해야 하는 경우도 있다. 특허침해소송에서 전문가인 변리사들의 대리를 배제함으로써, 재판의 전문성과 신속성, 효율성, 경제성 등이 저하되고 이에 따른 특허권자와 소송당사자들의 부담이 가중되는 구조가 되고 있는 것이다.

재판의 전문성과 효율성, 경제성과 투명성, 공정성과 예측가능성은 특허침해소송 등에서 국내외 기업들이 재판지(국가)를 선택하는데 있어서 중요한 요소가 되고 있다. 그러나 우리나라는 특허사법체계와 재판에 있어서 해외 기업은 물론 국내 기업들도 재판의 전문성과 신속성, 그리고 공정성과 예측가능성, 손해배상액 등 특허권보호의 강도 등에서 신뢰를 받지 못하고 사실상 기피지역으로 인식되고 있다. 그리고 이러한 특허권 보호에 대한 사법체계의 불신은 최근 해외 주요기업들의 한국 특허출원 기피 내지 비중축소 경향으로 이어지고 있다. 이른바 특허출원과 소송 등에서도 '코리아 패싱' 현상이 일어나고 있는 것이다. 이러한 해외 기업 등의 특허출원의 감소는 국내 투자의 감소 내지 비중축소로 이어지는 전조라고 할 수 있다. 이는 국내 기업들도 다르지 않은 문제라고 할 수 있다.

특허권 보호 강화를 위한 입법과제

이러한 문제들을 해결하고 특허권에 대한 보호를 강화하기 위해서 2018년 말 국회는 특허법 등에 징벌적 손해배상제도를 도입하는 입법적 결단을 내렸다. 이제는 이러한 조치의 후속으로 특허침해소송에서의 전문성과 신속성, 경제성을 제고하기 위한 입법 조치와 특허사법체계의 개선이 이루어져야 한다. 이를 위해서는 특허심결취소송에서만이 아니라, 특허침해소송 등에서도 변리사법 제8조에서 규정하는 바에 따라 특허 등 지식재산권 전문가인 변리사의 소송참여와 대리를 허용하는 방향으로 특허사법 행정의 개선이 이루어져야 하고, 아울러 변리사들이 특허침해소송에서 실제로 수행하고 있는 역할에 맞추어 변리사의 특허침해소송 대리를 현실화하고 보다 분명하게 규정하는 방향으로 변리사법의 보완 입법이 이루어져야 한다.

그러나 변리사의 특허 등 침해소송대리의 현실화와 관련해서는, 17대 국회부터 20대 국회에 이르기까지 거의 13년 이상 현행 변리사법 제8조의 규정에서도 후퇴한 변호사와 변리사의 '공동소송대리' 법안 등이 수차에 걸쳐 발의되고 논의되었지만, 변호사 출신 국회의원들의 반대로 번번이 진전이 없이 폐기되어 왔다.

추가적으로 입법이 필요한 법률들

법	조문	주요내용
지식재산기본법	제2조, 제7조, 제11조, 제12조 등	국가지식재산 전략과 비전 수립 규정, 청와대에 지식재산정책 집행관 신설, 대통령이 직접 국가지재위 위원장을 맡도록 함, 국가지재위의 위원 구성과 집행력의 강화 등
특허품질관리 특별법	제정	정부 및 공공기관의 연구성과에 대한 특허보호와 특허품질을 강화하기 위한 평가기준과 절차 등을 마련하고 이를 실행하기 위한 특허감리제도를 도입
실용신안법 디자인보호법, 상표법	신규 도입	특허법에 도입된 징벌적 손해배상 제도의 도입 등
특허법 실용신안법 디자인보호법	신규 도입	국내 발명의 국내 특허 선출원 의무제도 도입; 국내 출원없이 해외출원을 빙자한 기술유출, 국가전략/국방기술의 해외무단유출 방지; 국내 특허기술 국내 미공개에 의한 국내 기술발전 촉진 저해방지; 국내 특허로열티 수입 수익원 상실 및 국부유출 방지; 국내 발명자에 대한 보상기회 박탈, 로열티수입에 대한 국내과세 회피 방지 등
특허법	신규 도입	미국 특허법상의 계속출원(CA), 일부 계속출원(CIP) 등과 같이 특허출원 후에도 특허출원 내용을 가공할 수 있는 절차를 추가 도입하여 특허품질을 강화하고 강한 특허 획득 유도
실용신안법	제2조, 제4조 등	소발명 보호 강화 - 중소기업과 스타트업, 국민들의 창의, 혁신을 북돋우고 소발명 보호의 충실화를 위한 실용신안법의 보호대상 확대, 특허와 차별성이 없는 진보성 판단기준 완화 등
변리사법	제3조	변리사의 전문성을 해치는 자격특혜제도 폐지
	제4조의2 등	공정한 시험제도 운영 및 4차 산업혁명 시대에 전통적 지식재산권과 저작권법 및 신지식재산권에 대한 전문성 강화를 위한 시험과목 추가와 변경, 독립적인 변리사 시험 주관기관 설치, 운영
	제8조	변리사법 제8조(소송대리인이 될 자격)는 "변리사는 특허, 실용신안, 디자인 또는 상표에 관한 사항의 소송대리인이 될 수 있다."고 규정하고 있는 바, 법률소비자의 선택권을 보장하기 위해 일정한 검증을 통해 변리사의 특허등 침해소송 대리를 보다 명확하게 허용하는 입법
기 타 (추진필요)		국유특허대리인비용 가이드라인이 대학과 공공연 외에도 한전 등 공기업, 준정부기관에 확대 적용될 수 있도록 관련 법규 개정 등 필요

그러는 사이 일본에서는 변리사가 특허심결취소소송에서의 대리 외에, 특허 등 침해소송 사건에서 당자자를 보좌하여 변론에 참여할 수 있는 소송보좌인 제도를 도입하였다. 더 나아가 특정침해소송대리업무 시험에 합격하고 그 취지를 부기받은 변리사의 경우 변호사와의 공동소송대리를 허용하는 제도를 일찍이 도입한 바 있다. 또한, 최근 영국과 중국에서는 일정한 요건과 인가 하에 변리사들의 특허침해소송 사건 등에서의 단독 소송대리를 허용하는 제도를 채택하여 시행해 오고 있다.

따라서 우리나라에서도 변리사들의 특허심결취소소송에서의 대리 외에, 법률소비자인 당자사들의 권리구제의 전문성과 신속성, 경제성 등을 위하여 법률소비자들의 선택에 입각하여 전문가인 변리사가 특허 등 침해소송에서 대리인으로 참여할 수 있도록 허용하는 방향으로 입법적 결단이 이루어져야 한다. 이미 입법부에 의하여 변리사법 제8조에 특허 등 사건에 관한 변리사들의 소송대리를 허용하는 규정이 명문으로 입법되어 있지만, 논란을 불식시키기 위하여 필요하다면 영국과 중국, 일본 등의 입법례와 같이 공동소송대리와 단독소송대리에 따른 연수교육이나 추가 시험 등을 통한 인가 절차를 두는 방안을 검토해 볼 수 있을 것이다.

경쟁국들이 혁신의 중요한 수단으로서 지식재산권 보호를 강화하기 위하여 특허사법체계를 개혁하여 전문가인 변리사들의 소송참여를 통해 권리구제의 전문성과 실효성을 기하고 있는 상황에서 우리만 더이상 머뭇거린다면 4차 산업혁명 시대의 특허강국의 실현과 이를 통한 산업의 혁신과 발전은 달성이 더욱 요원하게 될 것이다.

심사품질
개선 시급하다

선행기술 조사 외부 위탁의 문제점

현재 특허청은 특허 심사를 위해 선행기술 조사를 외부의 지식재
산정보서비스업체에 맡기고 있다. 현재 특허청에는 한 해에 20만
건 이상의 특허출원이 이뤄지게 되는데, 현재의 제한된 심사관 인
력으로는 업무가 가중돼 주로 외주를 통해 해결한다.

2018년의 경우 등록된 8개 업체가 105,589건의 선행기술조사
사업 용역을 맡아 수행했다. 이것은 전체 심사처리 건수인 168,336
건수의 62.7%에 이른다. 이와 같은 민간업체의 선행기술조사사업
용역은 해마다 증가하는 추세이고, 민간업체가 등록제로 전환되면
서 이 비율은 크게 증가했다. 국제출원의 선행기술조사 사업도 민
간업체가 용역을 맡아 수행하는데, 거의 대부분을 용역으로 해결
하고 있다.

그런데 특허청은 이들 업체에 본래 업무인 선행기술 조사에서

벗어난 특허의 법적 등록요건에 관한 법률적 해석이나 판단까지 요구하고 있어 문제가 되고 있다. 이렇게 하여 사실상 특허청이 전문가인 변리사들이 해야 할 일마저도 이들 외주업체에 맡기고 있는 것이다. 이는 지식재산 법률서비스와 정보서비스 간 경계를 허물고 지식재산 서비스산업의 전문성마저 훼손시키는 처사가 아닐 수 없다.

사실 이러한 방식의 지식재산정보 서비스산업 육성으로는 올바른 일자리 창출도 기대하기 힘들다. 전문가를 통한 강한 특허를 매개로 할 때 기업은 규모의 경제적 효과와 양질의 일자리를 만들어낼 수 있다. 일례로, 미국 'MIT 이노베이션 이니셔티브(MIT Innovation Initiatives, 2016)' 보고서에 따르면 특허를 보유한 스타트업은 그렇지 않은 기업에 비해 성장 가능성이 35배, 고용증가율은 4배에 이른다고 제시했다. 더구나 매출증가율은 3배나 높게 나타난다.

이러한 사례로 볼 때, 최근 일자리 창출이라는 미명 아래 행해지는 특허청의 심사외주와 지식재산서비스산업 육성 기조는 매우 근시안적인 접근이 아닐 수 없다. 특허품질 강화로 산업발전과 함께 수많은 양질의 일자리를 창출한다는 지식재산 정책의 본령을 도외시하는 것이다. 본말의 전도, 소탐대실이라는 비판을 피하기 어렵다.

인간의 생명을 다루는 의료 행위에 대해 정부는 의료인의 자격을 엄격히 규제한다. 이와 마찬가지로 기업의 흥망을 결정짓고 경제 발전을 이루는 핵심은 결국 특허를 다루는 지식재산 서비스산

특허 선행기술조사사업 추진 실적

연도	2012년	2013년	2014년	2015년	2016년	2017년	2018년
심사처리건수	176,861	193,934	176,256	172,342	182,113	177,745	168,336
용역건수	84,230	91,941	92,983	97,314	86,811	87,594	105,589
용역비율(%)	47.6	47.4	52.8	56.5	47.7	49.3	62.7
집행액(백만원)	23,598	25,760	27,706	31,686	31,826	32,778	36,774

주) 용역비율=(용역건수÷심사처리건수) X 100
자료: 특허청, 『2018 지식재산백서』

국제출원 선행기술조사사업 추진 실적

연도	2012년	2013년	2014년	2015년	2016년	2017년	2018년
국제조사처리건수	29,919	34,431	30,223	28,047	28,176	25,955	24,123
용역건수	16,063	22,890	22,528	26,503	26,697	26,084	24,098
집행액(백만원)	10,390	15,382	15,931	18,338	15,358	14,461	12,497

자료: 특허청, 『2018 지식재산백서』

업의 올바른 육성에서 비롯된다. 이를 위해서는 특허품질 강화에 초점을 맞추고 특허 등 지식재산권 전문가인 변리사를 중심으로 하는 제도 정비가 시급하다.

우리나라 특허청의 이러한 선행기술조사 등의 심사 외주와는 달리 다른 나라에서는 실질적으로 국내 특허심사를 위한 선행기술조사 등을 외주로 하지 않는다. 미국의 경우, 심사 외의 특허분류, 특허문서 번역 등에 대해서는 위탁 업무가 있으나, 국내 특허출원의 심사는 심사관에 의해 전담되고 있다. 다만, 미국을 수리관청으로 하는 PCT 출원의 공지문헌 조사 및 보고서 작성은 외부 기관 (Cardinal IP, CPA Global) 등에 위탁되고 있을 뿐이다. 독일이나 유럽

특허청(EPO)의 경우, 선행기술 조사나 심사 일부를 외부 기관에 위탁하지 않는다.

중국의 경우, 연간 100만 건 이상에 이르는 전리 출원의 심사를 위해 전리심사협력센터(중국 지식재산권국 전리국의 직속 사업부서)에 위탁할 수 있다. 그러나 중국의 국가지식산권국의 심사관은 직접 선행기술조사를 수행하고 심사업무를 외부에 위탁하지 않는다.

단지 일본의 경우에만 우리와 같이 선행기술조사를 위한 외주기관에 대하여 등록 제도를 실시하고 있다. 현재 10개의 조사기관이 등록되어 있다. 전체 심사건수에 대비하면 선행기술조사 외주 비율은 약 65% 이상으로 파악된다. 다만, 이들 조사기관의 조사범위는 선행기술조사의 범위에 그치고 특허등록 요건 등에 대한 법률적 판단은 수행하지 않는 것으로 알려지고 있다.

일본의 외주기관의 검색 보고서의 샘플을 보면, 본원발명의 특징, 검색식 및 스크리닝 건수, 스크리닝 서치의 결과(선행기술문헌 제시), 본원발명과의 대비(차이점 및 발견하지 못한 구성)에 대하여 구체적으로 기재하고 있다. 이처럼 일본의 경우에도 검색 보고서에는 선행기술문헌의 제시 및 구성의 대비 정도가 기재될 뿐, 진보성 판단 등의 심사의 내용까지는 포함되지 않는 것으로 파악된다.

그러나 우리나라는 특허청이 선행기술조사, 특허분류 부여 등의 업무 일부를 외부 기관에 위탁하는 데서 나아가, 이 중 상당 부분은 사실상 심사의 범위를 포함하고 있어 문제가 될 뿐 아니라 실효성도 의문시되고 있다. 해외 주요 선진국가의 어떠한 특허청도 사실상 심사의 범위를 포함하는 내용까지 선행기술조사 업무를 특허청의 심사관이 아닌 외부의 무자격 민간업체에 위탁하지 않고 있으므로, 한국 특허청에서도 이러한 점을 고려하여 선행기술문헌의 제시 및 구성의 대비 정도로 선행기술조사 업무를 제한하는 조치가 시급하다.

전문 심사관의 심사 체제 복원

특허 품질을 위해서 심사외주를 통한 특허청 심사관의 심사 범위의 축소 대신 오히려 전문 심사관에 의한 심사가 확대되어야 한다.

최근 블룸버그 선정 혁신지수에서는 한국이 세계 1위를 기록했음도 불구하고 생산성은 18위이고 특허등록활동에서는 20위라는 낮은 점수를 기록했다. 이 두 가지 뉴스를 종합하면 혁신의 동력이라 할 수 있는 특허 등 지식재산권의 양적인 규모는 확대되었지만 질적인 부분은 그렇지 못한 현실을 분명히 반영하고 있다. 우리나라 혁신의 주요과제 중 하나가 특허품질 강화임을 말해주는 대목이기도 하다.

특허품질 강화를 위해서는 무엇보다 기술·출원·심사·소송 품질 등 네 박자가 갖춰져야 한다. 특히 고품질 특허 확보를 위해서는 심사품질 강화가 중요하다. 선행기술조사라는 명목 하에 행해지는 심사외주로는, 심사의 신뢰성과 품질 확보는 물론 민간 외주업체와의 하청관계로 인해 공정한 결과를 기대하기도 어렵다. 마치 법원이 재판을 외주로 주는 것처럼 상식 밖의 일이 벌어지고 있는 셈이다.

이는 특허청 심사관의 업무 부담과 관계가 있다. 업무량에 비해

주요국의 심사관 수 현황

구분	2015	2016	2017	2018
한국	843명	836명	866명	875명
미국	8,255명	8,160명	7,961명	8,007명
중국	10,258명	10,625명	11,421명	-
일본	1,702명	1,702명	1,696명	1,690명

주) 중국의 2018년 심사관 수는 통계 미발표

출처: 특허청

주요국의 특허·상표·디자인 심사처리 현황 (2017년 기준)

구분	심사처리기간	한국	미국	일본
특허	심사관 1인당 처리건수(건/명)	205	79	168
	심사관수(명)	866	7,961	1,696
	심사처리기간(개월)	10.4	16.3	9.3
상표	심사관 1인당 처리건수(건/명)	1,749	1,087	1,735
	심사관수(명)	117	549	136
	심사처리기간(개월)	5.0	2.7	4.9
디자인	심사관 1인당 처리건수(건/명)	1,709	132	702
	심사관수(명)	37	183	45
	심사처리기간(개월)	4.9	13.3	6.1

한국의 무효심판 인용률

(단위: %, 인용건수/심결 건수)

구분	2016		2017		2018	
특허	49.1	(240/489)	44.0	(337/776)	45.6	(251/551)
실용	60.3	(35/58)	62.0	(31/50)	44.8	(13/29)
디자인	61.4	(124/202)	53.9	(138/256)	57.0	(146/256)
상표	41.3	(192/465)	50.5	(213/422)	47.5	(253/533)
합계	48.7	(591/1,214)	48.1	(719/1,494)	48.4	(663/1,369)

주) 1. 심판사건번호 1개당 1건으로 집계

2. 심결건수에는 인용(일부 인용 포함)·기각·각하·취하 포함

자료: 특허청

심사관이 적은 것이다. 2018년의 경우 우리나라 특허 분야 심사관 수는 875명이고, 1인당 연간 처리 건수는 192건이다. 일본의 심사관 1인당 처리 건수 166건, 미국의 77건에 비하면 많은 건수이다.

그리고 심사관들이 특허 1건을 심사하는 데 투여하는 시간도 12.3시간으로 일본의 17.9시간, 미국의 26시간에 비해 현저히 짧다. 많은 업무량과 짧은 심사 시간으로 인하여 날림 심사가 많아질 소지가 크다. 따라서 심사품질 강화의 첫걸음은 심사 외주가 아닌 심사관에 의한 엄정한 심사 체제의 복원이다.

첫째 방안으로는 심사관 증원이다. 정부는 그간 공무원정원과 예산 등을 이유로 심사관 증원에 난색을 표해왔다. 그런데 특허청은 기업형 책임운영기관임에도 2018년에만 1천억 원이 넘는 특허청 수수료 수입이 정부 전출금으로 보내졌다. 반면 심사관 증원은 16명에 그쳤다. 예산 부족이라는 해명이 설득력이 떨어질 수밖에 없다.

심사외주와 특허품질 저하라는 악순환의 고리를 끊기 위해서는 정부정책의 근본적 전환이 필요한 시점이다. 만약 심사관을 전문인력으로 체계적으로 확충하는 데 어려움이 있다면, 특허 등 지식재산권 전문가를 선발하는 변리사시험을 심사관 채용시험과 겸하고 민간전문가 채용을 확대하는 것도 하나의 방법이다.

다른 방안으로는, 심사기간의 연장이다. 특허청은 1년 이내의 빠른 심사를 목표로 하고 있다. 유럽특허청이나 미국, 일본 등 경쟁국에 비해 심사기간이 짧다. 그러나 심사의 대상이 되는 선행문헌은 심사 시점에 공개되지 않을 확률이 높다. 우선심사 신청되는 경우를 제외하면, 출원 공개가 출원 후 1년 반이 경과해야 이루어지기 때문이다. 이 얘기는 심사기간의 단축은 나중에 공개된 선행특허에 의해 사후적으로 무효가 될 수 있는 불안정한 권리가 만들어진다는 의미다. 그리고 예외적으로 우선심사신청 제도가 있기 때문에 굳이 전체 출원에 대한 심사기간을 단축하려고 노력할 이유도 없다.

그런데 우리나라 특허청은 이를 하나의 성과로 인식하고 있는 듯하다. 이로 인한 심사부담 증가를 심사외주로 해결하는 악순환의 고리를 이제는 끊어야 한다.

심사관 등원해야

심사품질은 특허 제도가 산업발전에 도움을 주는 방향으로 부단하게 조정되는 과정에서 유일하게 국민과 접점을 형성하는 작업이다. 심사는 정부의 특허 제도 의지가 표출되는 것으로서 기계적으로 찍어내듯이 또 급하게 처리할 일이 아니다. 심사가 갖는 의미가 무엇인지부터 깊게 고민해야 하며, 숙고하며 심사를 진행해야 한다. 국가의 특허품질이 심사단계에서 최종적으로 확정되기 때문이다.

정부가 특허품질 강화에 대한 세계적 흐름을 간과하고 심사관 증원에 우물쭈물한다면 세계 4위의 특허강국의 지위는 외화내빈으로 그치고 그 자리마저 중국에 내줘야 할 것이다.

심사품질과 관련하여 심사관 증원이나 심사기간 연장 등의 해법을 적용하기 위해서는, 무엇보다 기업형 책임운영기관으로 지정된

해외의 심사관 선발 제도

국가	특징
한국	공무원으로 선발된 자(행정고시 및 기술고시 합격자 포함)로서 소정의 심사관 연수 과정을 수료하면 심사관이 될 수 있다. 퇴직 후 변리사 업무를 수행하는 경우가 상당히 많다.
일본	특허·의장·상표별로 별도의 선발요건을 적용하여 심사관을 선발한다(특허심사관의 경우 국가공무원채용 종합직 시험〈기술계〉의 합격자를 채용한다). 퇴직 후 변리사 업무를 수행하는 경우가 많이 있다.
중국	공무원 선발시험을 통해 선발(심사관 모집의 경우, 전공시험 시험이 있다) 퇴직 후 변리사 업무를 수행하는 경우가 거의 없다.
독일	별도의 선발시험은 없으며, 이공계열 학위자로서 3년간의 특허청 인턴 기간을 성공적으로 수료하면 심사관으로 채용된다. 공무원 경력으로 변리사 자격을 취득하기가 어렵기 때문에 퇴직 후 변리사 업무를 수행하는 경우가 거의 없다.
영국	이공계 학위 또는 변호사·변리사·산업체 경력을 가진 자만이 특허심사관이 될 자격이 있으며, 공직 위원회(Civil Service Commission)가 제시하는 선발요건에 따라 심사관을 채용한다. 변리사가 심사관이 되거나 심사관이 변리사 자격을 취득하여 사무소로 가는 경우 등이 있다.
미국	특허심사관의 경우 이공계열 학사학위 이상 보유가 요구되며, 특허청의 상시채용으로 선발된다. 퇴직 후 patent agent 자격을 취득하여(patent bar 통과) 로펌 등에 취직하는 경우가 다수 있는데, 이러한 patent agent들은 변리사(patent attorney)보다 업무범위가 한정되고 연봉수준이 낮다.

특허청을 국가예산으로 심사에 집중할 수 있는 기관으로 복원할 필요가 있다.

특허청이 특허심사를 하면서 수익성을 고려해야 한다는 것은 국가기술 전략에서 비극이 아닐 수 없다. 수입이 부족하면 기존 사업을 폐지해야 하니 어려움이 있고, 수입이 남으면 없는 사업도 만들어서 예산을 집행해야 하는 부담이 생기는 것이다.

우리나라의 기술 수준을 볼 때, 특허청이 예산에나 신경 쓸 때가 아니다. 특허가 시장에 미치는 영향을 고려하고 어떤 분야의 기술력을 어떤 단계로 키워나갈 것인지 국가기술력 관점에서 고민하고 심사전략을 수립해야 한다. 이런 고유의 직무를 제쳐두고 특허청이 기업처럼 장사를 하라고 하는 게 현재 우리 현실이다. 거기에서 희생되는 것은 심사품질이고 그로 인해 특허품질 확보는 요원해진다.

특허청의 심사품질을 높이기 위해서는 이러한 기업형 책임운영기관 지정부터 해제하고 특허청을 원위치로 되돌려야 한다. 그리고 민간시장의 자생력을 해치는 불필요한 정부사업, 특허청 산하기관을 통한 무분별한 사업확장과 예산투입을 지양하고 심사 품질 향상에 전념할 수 있는 기틀을 마련하는 것이 시급하다.

확실한 보상과 손해배상의
적실성 제고

확실한 보상이 동기부여

1990년대 말 드라마를 중심으로 시작된 한류가 어느덧 20여 년을 맞고 있다. 그 동안 기복은 있었지만 한류는 꾸준히 그 영역을 넓혀왔다. 최근에는 방탄소년단(BTS) 등 케이팝(K-pop) 그룹을 중심으로 한 '신한류'가 아시아 시장을 넘어 미국, 남미, 유럽 등 전 세계로 뻗어가는 추세이다.

그렇다면 과연 '신한류'의 성공 비결은 무엇인가? 여기에는 여러 가지 요인이 분석될 수 있겠지만, 저자는 그 기본적인 요인은 무엇보다도 경쟁을 통한 투명한 인재선발과 확실한 동기부여에 있다고 생각한다.

최근 일부 악용 사례들도 드러나긴 했지만, 언제부턴가 가요계를 중심으로 불기 시작한 공개 오디션 열풍은 말 그대로 '검증된 인재'의 등용문이 됐다. 이를 통한 젊은 한류 스타들의 성공사례는

"개천에서 용 난다"는 말을 실증하는 확실한 보상이자 동기부여일 것이다. 즉, 공정성을 담보한 실력 있는 인재선발과 확실한 보상이 '신한류'의 제도적 장치로 자리매김하고 있는 것이다.

특허 제도도 마찬가지이다. 특허 제도는 새롭고 진보된 발명에 대해 '독점권'이라는 보상을 주어 보호하는 것이다. 특허를 받아봐야 강자 앞에서는 힘을 발휘하지 못하고 법원에서도 특허침해에 대한 배상에 인색하다면 발명가들의 창의와 혁신의 노력은 중도에 멈출 수밖에 없다.

최근 우리나라 특허출원의 양적 성장이 정체되고, 외국의 주요 기업들이 한국에 대한 특허출원을 대폭 감축하는 '코리아패싱' 현상까지 나타나고 있다고 하는 것은 이러한 흐름을 반영한다. 반대로, 자신이 공들여 개발한 좋은 발명이 강한 고품질의 특허로 등록받고 특허권에 대한 강한 보호로 시장의 경쟁에서 확실한 보상을 받을 수 있다면 발명자들은 너도나도 질 좋은 발명과 창의 그리고 기술혁신을 위해 분투할 것이다.

이러한 점에서 2018년 연말 국회를 통과한 특허침해 등에 관한 징벌적 손해배상제도는 발명에 대한 확실한 보상을 통해 우리나라에 다시금 창의와 혁신을 북돋우는 확실한 신호이자 열쇠가 될 것으로 기대한다. 나아가 디자인, 상표, 저작권 등의 다른 지식재산권 침해에 대해서도 이러한 징벌적 손해배상 제도가 확대 도입되기를 기대한다.

징벌적 손해배상제도 도입

특허권 침해소송에서 이른바 '징벌적 손해배상제도'란 정확히 말하면 '3배수 손해배상' 제도이다. 타인의 특허권을 고의로 침해할 경우 손해배상액을 3배까지 물릴 수 있다는 얘기다. 이는 우리나라를 비롯한 독일, 일본 등 특허권침해에 대한 민사와 형사 제재가 엄격히 구분된 대륙법 체계 국가에서는 상당히 이례적인 제도이다. 우리나라가 미국 등 영미법 체계 국가들이 적용하고 있는 징벌적 손해배상제도를 도입한 것은 특허권에 대한 강력한 보호 체계가 절실하기 때문이다.

특허도 정당한 제값을 받기 위해선 먼저 품질이 좋아야 한다. 품질 좋은 특허는 연구개발에 대한 활발한 재투자를 통해 만들어지는데, 기업 입장에서는 특허권에 대한 확실한 인센티브가 없다면 공염불에 불과하다. 기껏 특허를 등록했지만 이를 보호해 줄 제도가 받쳐주지 못하면 굳이 특허품질에 공을 들일 필요가 없기 때문이다. 지금까지 우리나라가 그랬다.

우리 중소기업들은 애써 얻은 특허가 대기업이나 해외 기업에게 침해를 당해도 소송을 제기할 엄두를 내지 못했다. 소송 기간과 비용이 상당한 데다 승소하더라도 정작 손에 남는 것은 없게 되기 때문이다.

특허청이 발표한 자료에 따르면, 우리나라의 특허권 침해소송에서의 손해배상액은 평균 6천만 원에 그쳤다. 미국이 65억 원인 것과 비교하면 민망한 수준이다. 양국의 경제규모를 고려한다고 해도 고작 9분의 1에 불과하다. 중국 베이징지식재산권법원의 최근 특허침해 평균 손해배상액이 약 2억 원에 이르는 것으로 알려지고 있는 것과 비교해 봐도 4분의 1 수준이다. 이 때문에 자금력과 조직력을 갖춘 국내 일부 기업이나 해외기업들은 이 같은 국내 사정을 악용하기도 한다. 특허침해로 벌어들이는 수익이 손해배상액보다 훨씬 많기 때문이다.

반면 징벌적 손해배상 제도의 대표주자로 꼽히는 미국은 이와 전혀 판이하다. 미국은 1836년 개정 특허법과 1854년 연방대법원 판결에 의해 현재 3배 손해배상제도를 운용하고 있다. 2016년 연방대법원의 할로(Halo)판결 이후에는 고의 침해 인정 요건까지 완화하는 분위기이다. 할로 판결 이전에는 특허의 침해 요건에서 '객관적 부주의'와 '주관적 인식'이라는 2단계의 고의성을 두었지만, 이 판결에서는 기존의 고의성 요건을 폐기하여 고의적 침해 요건을 완화하였다. 특허 침해 입증요건을 완화하여 특허 보호를 더욱 강화한 것이다.

이 때문에 미국에서는 타인의 특허권을 침해하면 기업 규모와 상관없이 회사 문을 닫을 수도 있다는 사회적 인식이 확고하게 정착되어 있다. 특허에는 반드시 그에 부합되는 보상이 따른다는 것이 미국의 사회적 인식이자 전통이며, 이것이 오늘날 미국이 강대국이 된 핵심적 기반이다. 실리콘밸리는 미국이 200여 년 동안 이어온 특허에 대한 확고한 신념의 산물이라 해도 과언이 아니다. 우리나라에서도 변리사회와 특허청이 이 제도 도입의 필요성을 꾸준히 주장해 왔고, 국회가 이에 호응해 입법적 결단을 내린 이유가 바로 여기에 있다.

권리보호의 강화는 연구개발 재투자를 촉진하는 역할을 하기 때문에 실효성 있는 손해배상제도는 기술 혁신을 주도하는 핵심 동력이 된다. 분명한 사실은 확실한 권리보호의 체계 없이는 특허를 통한 혁신 성장을 기대할 수 없다는 점이다. 그러한 의미에서 새로 도입된 징벌적 손해배상 제도의 정착 여부는 향후 우리나라 혁신 성장에 대한 척도라 할 수 있을 것이다.

물론 넘어야 할 산도 많다. 당장 고의침해 인정 범위를 비롯하여 손해배상액 산정 등은 논의만 무성할 뿐이지 아직 구체적으로 정해진 바는 없다. 무엇보다 재판의 전문성 확보가 시급하다. 특허권 침해소송에서의 전문성 확보는 소송 핵심인 침해 여부와 권리가치를 판단하는 데 필수적이다. 하지만 이 분야 최고 전문가인 변리사의 소송 참여가 배제되고 특허법원 등의 담당 판사의 잦은 보직 이동과 함께 법원 기술심리관의 역할이 오히려 축소되고 있는 국내 현실은 제도 정착에 걸림돌이 될 수 있다.

제도 도입을 위해 애써온 특허청 등 정부는 물론이고, 국회와 각 정당, 산업계 및 학계, 전문가인 변리사 등이 모두 함께 제도의 효과적인 실행과 정착을 위해 아이디어를 모아나가야 할 것이다.

특허 제도에서의
식민 잔재 청산

한국 변리사법의 연혁

여기서 우리나라 변리사법의 기원을 좀더 살펴보기로 한다. 현행 변리사법은 그 뿌리가 일제 강점기로 거슬러 올라가는데, 1908년 8월 19일 일본은 통감부령 제30호로 한국특허대리업자 등록규칙을 공포, 시행했다. 이는 1899년 일본의 특허등록대리업자 등록규칙을 우리나라에 그대로 적용하기 위한 식민 통치의 수단이었다. 당시 일본 특허등록대리업자 등록규칙에는 특허대리업자의 자격과 등록, 조합 설립, 벌칙 등을 규정하고 있었다.

한국 특허대리업자등록규칙에는 "일본에서 특허대리업자 등록을 받은 자는 한국특허대리업자의 등록을 받은 것으로 간주한다."고 명시해 일본인 등록자들의 한국 활동을 가능하도록 했다.

다음해인 1909년 11월 1일 일본은 한국특허대리업자 등록규칙을 폐지하고 한국특허변리사령을 칙령 제308호로 시행하였다. 일본 특허변리사령을 그대로 우리나라에 적용한 것으로서 일본은 이로써 특허·상표·의장·실용신안령과 함께 국내 상공업을 제도적으로 장악할 수 있는 장치를 구축하였다.

1910년 8월 29일 한일강제병합조약 체결 후에 일본은 아예 한국을 영구 식민지화할 제도적 기반 마련을 위하여 각종 법령을 정비하였다. 그러면서 특허와 관련한 별도의 칙령들을 없애고 일본법을 그대로 적용하게 했다. 다만 한국특허변리사령은 법적인 효력을 그대로 유지하게 했으며, 이에 의한 등록은 일본특허변리사령에 의한 등록으로 간주한다고 명시했다.

그리고 우리나라에 변리사법이 정식으로 도입된 것은 일제강점기인 1921년 4월 30일 제정(1922년 11월 1일 시행)된 일본 변리사법이 최초이다. 일본은 조선총독부 제령 제1호에 의해 일본 법률 제100호로 기존의 제도를 강화한 변리사법을 제정하였다.

이 무렵 일본은 제1차 세계대전 직후 선발명주의에서 선출원주의로 변경하는 등 특허변리사제도에 대한 대대적인 개혁을 추진하였다. 현행 일본 변리사 제도의 기초가 된 당시 변리사법은 해방 후 국내 변리사법 제정에도 그대로 영향을 미쳤다. 특히 업무와 자격 등 주요 내용은 현행 국내 변리사법과 상당히 유사하다.1921년 전면개정 일본 변리사법에는 변리사가 법원에서 특허 등에 관해 본인을 위해 의견을 진술할 수 있는 '진술권'이 규정되었고 특허변리사를 변리사로 명칭을 변경하였다. 1938년 개정변리사법에서는 본인뿐만 아니라 소송대리인과 법원에 출석하여 진술할 수 있도록 개정되었다. 1948년 변리사법 개정을 통해서는 심결취소소송에서 변리사의 소송대리인 자격을 부여하는 것으로 강화된다.

2000년 전면개정 변리사법에서는 특허청 절차를 중심으로 하는 변리사 업무를 라이선스 계약 등의 중개, 대리, 컨설팅 업무, 권리 침해 상품의 세관에서의 수입금지 대리, 공업소유권에 관한 사건의 중재절차의 대리 업무로까지 확대하고, 변리사시험에 저작권법 등을 추가하는 등으로 시험제도를 개편했다.

그리고 2002년 개정변리사법에서는 특허권 등의 침해소송에서 변호사가 소송대리인이 되어 있는 사건에 한정하여 변리사에게 공동 소송대리권을 부여하는 제도가 도입되었다. 특허권 침해소송 등에 있어서는 법원에서의 절차의 충실화와 신속화를 위하여 해당 소송에 관해 필요한 학식 및 실무 능력을 가지는 변리사가 소송 대리인이 될 수 있도록 할 필요가 있다는 것이 입법취지였다. 이를 위해 변리사들에게는 '신뢰성이 높은 능력 담보 조치'로서 민사소송실무에 관한 연수 및 시험을 통해 능력을 검증하는 제도가 도입되었다.

2005년 변리사법 개정에서는 저작물에 관한 권리에 관한 사건이 변리사의 업무범위에 추가되면서 재판 외 분쟁해결절차에서의 대리도 허용되었다. 변리사들이 2000년 법률시행 후 산업재산권 중재대리인으로 활동하고, 변리사시험에 저작권법이 필수과목으로 도입된 점 등이 업무범위 확대의 근거가 되었다. 나아가, 2007년 변리사법 개정에서는 변리사의 업무범위가 '특정 부정경쟁행위'와 국경조치에서 지적재산권 침해물품의 수출입금지 절차 등과 관련한 대리 업무, 해외 특허출원 등의 분야에까지 명확하게 확대되었다. 지식재산권 전문가로서 변리사들의 지식과 역량을 다양한 지식재산권 분야의 업무에 활용할 필요가 있다는 데 일본 사회와 정치권에서의 공감이 이루어졌기 때문이다.[33]

한편 우리나라는 광복 후 국내 변리사제도 관련법을 별도로 두지 않고 특허법 내에 포함하여 규정하였다. 미군정 시기를 지나 군사정권 시절인 1961년 12월 23일 비로소 변리사법이 제정되었다.

그러나 법률 제정 이후 경제발전과 더불어 변리사 업무와 역할은 크게 확대되었지만 정작 변리사법은 이러한 현실을 거의 반영하지 못했다. 실제 변리사법은 제정 이후 단 한 차례 전면개정 없이 일부개정만 26회(타법에 의한 개정 10회 포함)에 그쳤다. 법 조항 수도 제정 당시 22개 조항에서 29개로 소폭 증가했을 뿐이다.

반면 일본의 경우 1921년 법 제정 이후 여러 차례의 전면 개정을 포함해 현재 전체 85개 조항이 시행되고 있다. 전문가들은 일본의 경우 변리사법 개정을 병행함으로써 변리사의 업무범위를 명확히 규정하고 있는 반면, 우리나라의 경우 새롭게 등장하는 변리사의 업무에 법 개정을 발맞추지 못해 업무 범위를 추상적이고 불명확하게 규정하고 있다는 점을 지적한다.

특허 용어에 남아 있는 식민잔재

2019년은 3.1운동 100주년을 맞는 해였다. 그러나 '주권 상실'의

---

33   윤선희, 「변리사법 개정을 위한 일본 변리사법 분석연구」, 2013, 319~327쪽 참조.

역사적 상처는 한 세기가 지나도록 좀처럼 아물지 않고 있다. 여전히 우리 사회 곳곳에 일제강점기의 제도와 언어가 그대로 남아 있다. 언어는 사고를 지배하게 마련이다. 말과 글이 종속되면 정신이 종속되고 민족의 정체성마저 상실하게 된다.

최근 일본의 유명한 경제평론가 오마에 겐이치는 "한국 국민의 수준에서는 '친일'이 계속되고 있다."고 서슴없이 말한 바 있다. 우리 모두 심각하게 성찰해야 할 대목이다. 식민 잔재는 특허 분야에서도 적지 않게 남아 있다.

'특허(特許)'라는 용어는 영어 'patent'의 번역어로 오늘날 아무런 비판의식 없이 사용되는 용어이다. 'patent'는 'Litterae patentes'라는 라틴어에서 비롯되었다. 그 의미는 '공개서한' 또는 '공공 문헌'이다. 본래 중세 군주가 어떤 특권의 증명을 공개 발표하는 것을 의미했으며, 훗날 영국 국왕이 직접 서명한 권리 증서를 지칭했다. 그리하여 patent는 초기에는 발명 권리에 대한 권한 부여를 의미하기도 했지만, 지금은 공적 자문기관의 설치, 주요 관직의 임명, 도시에 대한 지위나 휘장 부여 등에 사용되고 있다. 결과적으로 patent에는 '독점'과 '공개'의 두 가지 의미가 내포되어 있다.

이러한 의미에서 '특허'라는 번역어는 patent의 본래 의미에서 벗어나 있다. '특허'라는 용어를 문자 그대로 해석하면, 국가나 권력자의 입장에서 '특별히' 허락해 주는 권리이다. 이 용어에는 주체적인 시민의 권리를 지칭하는 관점이나 시각이 전혀 반영되어 있지 않다. 오히려 수동적이고 봉건적인 느낌까지 자아낸다. '특허'는 일본에서 수입한 용어로서 '국가주의'의 일본다운 용어이다.

중국에는 '특허'라는 용어가 없고, 대신 '전리(專利)' 즉 '독점적인 권리'라는 의미의 용어가 쓰인다. 이 '전리'라는 용어가 원의에 더욱 가깝다. '특허'보다는 주체적이고 최소한 중립적인 용어이다.

'변리사'라는 용어에서도 patent가 지니는 원래의 의미를 찾기 어렵다. '변리사'라는 말도 일본이 만든 '일제한어(日製漢語)'이다. 덧붙여 말하면, lawyer 혹은 attorney의 우리 번역어인 '변호사'라는 말도 일제한어로서 그 의미가 너무 광범하고 본래 의미로부터 벗어나 있다. '율사(律士)' 혹은 '법률대리인'이라는 용어가 보다 타당하다. 또 judge의 번역어인 '판사(判事)' 역시 일제한어로 원래 의미대로 '법관'이라는 용어가 정확하다.

'출원(出願)' 역시 문제 있는 일본식 조어이다. 일본어는 '출(出)'이라는 글자를 대단히 많이 사용한다. '칠거지악(七去之惡)'으로 유명한 '처를 내쫓다'는 의미의 한자어가 바로 '출처(出妻)'이다. '원(願)'은 '원하다', '청원하다', '소망하다'는 뜻으로서 '출원'은 어감상 신분이 낮은 사람이 신분이 높은 상부 혹은 국가에 자기의 소망을 허락해 달라고 올리는 행위를 연상시킨다. 따라서 '출원'이라는 일본식 용어는 조어법에 부합하지도 않고 특히 현대 사회에 어울리지 않는 신분 사회의 권위주의적 용어에 속한다. '신청'이라는 용어로 순화하는 것이 바람직하다.

언어란 개념을 담는 그릇이어서 언어생활은 인간의 사고방식을 구체적으로 규정한다. 언어는 국가의 정체성과 역사 그리고 문화를 구성하는 주요한 요소이다. 자국어의 지위에 대한 재확인은 국가의 하나 됨을 상징하고, 언어는 그것이 지니는 사회에 대한 지배력을 토대로 시민 생활에 있어 모든 사람의 완전한 통합을 이끄는 힘으로 작용한다. 그리하여 언어는 국가 주권의 주요 구성요소이며 사회 연대를 위한 중요한 조건이 된다.

한 국가가 제대로 서고 지속적으로 발전하기 위해서는 무엇보다 그 기본과 기초가 튼튼해야 한다. 실로 용어의 정확한 정립은 한 나라의 중요한 기초라 할 수 있다.

변리사 자격제도의 식민잔재

또한 변리사 자격제도와 관련하여 더 큰 문제는 변리사 자격제도 자체에 식민지 잔재가 고스란히 남아 있다는 점이다. 다름 아닌 변호사에게 시험 없이 변리사 자격을 주는 제도이다.

옛날 일제강점기 시절 일본 왕은 고등문관시험을 통해 신하인 고등관리를 뽑았다. 합격자에게 왕은 은시계와 함께 각종 국가자격의 무시험 자동자격을 하사했다. 일본의 최초 변리사법은 "짐(메이지왕)이 추밀고문의 자문을 거쳐 이에 특허대리업자(후에 변리사) 등록규칙을 공포하노라."로 시작한다. 이어 제2조 정규시험 합격자 외에 제3조를 통해 고등문관시험 합격자, 판검사 임용시험 합격자, 변호사 자격자 등에게 자동자격을 베풀었다.

이는 식민지시대 우리나라에도 그대로 적용됐다. 해방 이후 식민지 시절 법과 제도는 유효기간이 끝났지만 자동 자격은 살아남았다. 우리나라 최초의 변리사법이 만들어진 1961년에도 그랬고 해방된 지 70년이 넘은 오늘날도 마찬가지다. 그나마 최근 법이 개정되어 변호사라도 '실무수습'을 받아야 변리사 자격이 주어지게 되었지만 여전히 무시험으로 이론적 검증을 받지 않는다.

이러한 자동 자격은 전 세계에서 일본과 우리나라 단 두 곳뿐이다. 특허 등 지식재산이 혁신의 아이콘이 되고 전문화, 다원화되는 4차 산업혁명 시대에 식민지 특권인 자동자격제도는 어울리지 않을 뿐 아니라 제도발전에 장애가 된다.

우리나라는 변리사 시험에 합격하고, 집합교육을 250시간 수료한 후, 현장 연수를 6개월 받으면 변리사 자격을 취득할 수 있다. 반면 공무원 경력자 및 변호사에 대해서는 시험 면제 제도가 존재한다.

일본에서 한국과 매우 유사한 제도 모습을 찾을 수 있는데, 현재 우리나라에서 인정되는 공무원 경력자나 변호사에 대한 변리사시험 면제 특례는 일본을 그대로 답습한 것이다. 전형적인 일제 잔재라 할 수 있다. 한국과 일본을 제외하고는 현재 세계 어느 나라에서도 변호사는 물론이고 공무원 경력자에 대한 시험 면제 제도나 자동자격 부여 등은 찾아볼 수 없다.

국내의 경우, 변호사가 변리사 자격을 자동으로 부여받아 왔기 때문에 겉으로만 보면, 변호사들은 마치 변호사와 변리사라는 두 가지 종류의 자격을 모두 별도로 취득한 것으로 소비자들이 오해하기 쉽다. 그나마 최근의 법 개정으로 변리사가 되려면 변호사도 실무수습을 거치도록 요구되고 있어 이들 실무수습 조건부 변리사들이 이제 막 시장에 나오기 시작한 단계에 있다. 하지만 이조차도 변리사 시험이 면제된 자격 취득이라는 점에서 여전히 형식적, 특혜적인 변리사 자격 부여라는 비판에서 자유롭기 어렵다. 고객으로서는 여전히 자신이 업무를 의뢰할 변호사가 실제 변리업무를 수행할 수 있는 역량을 보유하고 있는지를 확인하거나 검증할 수 있는 수단이 없기 때문이다.

또한 공무원의 경우에도 공무원 경력을 근거로 변리사 시험의 일부 또는 전부 면제되어 변리사 자격을 취득할 수 있는 경우는 일본과 우리나라의 사례가 유일했다. 일본에서 관료와 법조인의 과도한 기득권 주장은 널리 알려진 대로인데, 그대로 답습한 게 우리나라이다. 우리나라와 일본의 공무원이나 변호사가 다른 나라에 비하여 특별히 우수하여 변리사 자격취득과 관련된 특혜가 인정되는 것이 아닌 바에 한국의 변리사 자격취득과 관련된 특혜는 그마땅한 이유를 찾기가 어렵다.

결국 공무원 경력자나 변호사에게 변리사시험 면제라는 특혜를 제공하는 지금의 우리나라 제도는 공정한 기회를 바라는 청년수험생들의 꿈도 빼앗는 것이다. 3·1운동 100년을 맞은 지금 대한민국의 새로운 미래 100년을 위해서라도 일제 식민제도의 유산은 바로잡아야 할 폐단이다.

외국의 변리사 자격 제도

중국, 독일, 영국, 미국의 경우 특허분야에서 변리사 자격에 기하여 변리업무(특허출원 등)를 수행하려면 이공계 학위 및 별도의 시험 통과가 반드시 요구되고 있기 때문에 변호사가 이공계 학위 없이 또는 별도의 시험 합격 없이 소정의 등록과 실무수습 절차만을 밟으면 변리사로서 특허출원 등 변리업무를 할 수 있는 국내의 실태와 매우 대조적이다. 이러한 점에 비추어 볼 때, 우리나라가 일본의 제도나 정책을 무비판적으로 답습한 것은 아닌지 심각한 성찰이 필요하다.

미국의 변리사(patent attorney)는 변호사 자격시험(bar exam)에 합격하여 변호사 자격을 취득한 자들 가운데에서 변리사가 되려면 별도로 미국 특허청의 특허시험(patent bar) 시험에 합격해야 한다. 특허 시험에 응시하기 위해서는 과학이나 엔지니어링에 관한 정규대학 학위가 필요하다. 특허시험은 특허에 관한 사항에 국한되고, 상표 등의 비특허에 관련된 과목은 없다.

현재 미국을 비롯하여 중국·독일·영국의 경우, 특허 분야에서 변리사 자격에 의거하여 변리업무(특허출원 등)를 수행하려면 이공계 학위와 별도의 시험 통과가 반드시 요구된다. 영국의 경우 변리사 자격이 없는 자도 출원 업무를 할 수 있도록 특허법이 개정되었지만, 자격 없는 자의 변리사 명칭, 즉 "patent attorney" 명칭 사용은 법적 처벌대상이 되고 있다(1988년 개정 특허법). 즉 출원 대리의 독점을 해소하여 경쟁을 촉진하되 소비자의 신뢰를 보호하기 위해 업무를 수행할 수 있는 실질적 소양을 갖춘 자만이 명칭을 사용할 수 있도록 제한하였다. 하지만 실제 영국에서 거의 대부분의 특허출원은 변리사가 대리하고 있다는 사실은 소비자에게 올바른 정보가 전달되어야 하며 국가는 그 자격이 서비스 제공자의 역량을 합리적이고 객관적으로 표상함을 보증해줘야 한다는 점을 방증한다.

이와 관련하여, 최근 지식재산권 제도에서 커다란 변화가 있었던 다른 나라의 예를 살펴보겠다. 중국의 경우는 지식재산권 제도를 수립해가는 과정에서 상대적으로 후발국가라 할 수 있는데, 다른 여러 나라의 제도를 참고하고 벤치마킹하여 지식재산 행정과 사법, 자격 체계에 급속한 개혁을 추진하여 적지않은 변화와 성과들을 낳고 있는 것으로 평가된다. 지식재산권 전문법원의 설치, 심사협력기관의 설치와 운영, 전리복심위원회의 설치 등 큰 틀에서 외국의 제도와 국제적인 조화를 이루고 있음을 확인할 수 있다.

중국은 다른 아시아권 국가인 한국이나 일본과 달리, 현재 심사관이나 변호사에 대한 변리사 시험 면제 등 특혜가 전혀 없고 변리사 시험을 통과한 자만 변리사로 인정하고 있다. 그리고 최근에는 전리대리 관리 방법, 전리대리사 정보공시제도 개정 등을 통해 전리대리인 사무소 및 전리대리인 개인이 직업상 지켜야 하는 의무 관련 내용을 강화하고, 직업 관련 규범을 보다 완전하게 보완하였으며, 전리대리 서비스 관리감독 및 모니터링 방법을 개선 및 강화하였다.

이를 통해 전리대리사협회에서 전리대리 사무소에 대한 관리감독 강화, 전리대리사의 서비스 질 향상, 전리대리사 1인당 일정 건수 이상의 출원대리 등의 경우 비정상출원 여부 감독강화와 함께 고객에게의 효율적인 서비스 제공을 위해 노력하는 등 전리대리사(변리사)의 관리, 감독을 강화하고 있다. 또한 변리사에게 침해소송 단독 대리권까지 인정하여 변리사의 활동영역을 충분히 보장하고 있다는 점이 눈에 띈다.

외국의 변리사 소송대리권

영국의 경우, 법률서비스법(Legal Service Act)을 수차례 개정하며 법률소비자들의 법률서비스에 대한 접근성을 개선하고자 노력하고 있다. 영국의 개혁사항은 우리 법제도 개선에서 특별히 참고해볼 가치가 높다. 영국은 지속적으로 재판에 대한 국민 일반의 접근성과 법원의 전문성을 높이기 위해 사법개혁을 추진해왔다. 특히 지식재산권 분야에서는 이러한 목적을 달성하기 위하여 지식재산권 소액사건을 담당하는 특별전문법원인 지식재산기업법원(Intellectual Property Enterprise Court: IPEC)을 운영하고 변리사로 하여금 지식재산권 사건에서의 소송대리(침해소송 포함)가 가능하도록 허용하고 있다.

일본과 독일의 경우, 변리사의 업무영역으로 산업재산권에 대한 출원 대리와 소송대리 외에 종자보호권(독일) 등 소위 신지식재산권으로 불리는 비산업재산권 관련 업무의 대리도 포함되어 있다. 특히, 일본은 특허청이나 법원에서의 절차만이 아니라, 경제산업 대신에 대한 절차의 대리, 세관장과 재무대신에 대한 관세법상의 절차의 대리, 회로배치 및 특정 부정경쟁에 관한 사건과 저작물에 관한 권리에 관한 사건의 재판외 분쟁해결절차, 특허, 실용신안, 의장, 상표, 회로배치 및 저작물에 관한 권리, 영업비밀, 기술 데이터의 매매계약 등의 대리와 상담, 외국 행정 관청이나 이에 준하는 기관에 대한 특허, 실용신안, 의장 또는 상표에 관한 권리에 관한 절차에 관한 자료의 작성 및 기타 사무, 산업 규격 및 기타 규격의 초안 작성 및 상담 업무 등 다른 절차에 대해서도 지식재산권의 통

외국의 변리사 소송대리권 비교

국 가	침해소송 대리권	세부내용
영 국	O	• 단독 소송대리 가능 - 특허 변리사는 지식재산기업법원(Intellectual Property Enterprise Court: IPEC) 같은 소액사건 전담법원이나 특허법원에서는, - 별도의 시험이나 과정을 이수할 필요 없이 변리사가 직접 소송을 대리할 수 있다.
		• 단독 소송대리 가능 - 소송대리에 대한 제재도 없고 실제 단독 대리가 수행되고 있다.
중 국	O	• 단독 소송대리 가능 - 소송대리에 대한 제재도 없고 실제 단독 대리가 수행되고 있다.
일 본	O	• 침해소송에서 공동 소송대리가 가능하다. - 특정침해소송 대리업무 시험을 합격한 후, 일본변리사회에서 시험 합격한 취지의 부기를 받은 변리사는, - 변호사가 동일의 의뢰자로부터 수임하고 있는 사건에 한하여, 그 사건의 소송 대리인이 될 수 있다(공동 수임 및 공동 출정이 원칙) ※ 변리사는 침해소송에서 '보좌인'으로서 당사자 또는 소송대리인과 함께 출두하여, 진술 또는 심문이 가능하다(5조)

일적 업무수행을 위해 변리사가 대리권 등을 가지고 있음을 구체적이고 세밀하게 규정하고 있다.

그리고 법원의 소송절차에서 특허청 심판원의 심결에 불복하는 심결취소소송 외에도, 변리사는 특허, 실용신안, 디자인 또는 상표, 국제출원, 회로배치, 특정부정경쟁에 관한 사항에 대하여, 법원에서 보좌인으로서 당사자 또는 소송대리인과 함께 출두하여 진술 또는 심문할 수 있으며, 특정침해소송대리업무시험에 합격하고 그 취지의 부기(附記)를 받은 때에는 특정침해소송에 관하여 변호사가 동일한 의뢰인으로부터 수임하고 있는 사건에 한하여 그 소송

대리인이 될 수 있도록 소송대리인으로서의 참여를 변리사법에서 허용하고 있다.

산업재산권 및 기타 지식재산권과 관련된 업무가 반드시 특허청 또는 법원의 절차에 그치지 않기 때문에(세관 절차, 중재 절차 등), 변리사의 대리나 자문이 필요한 지식재산권 업무에 대하여 전문가인 변리사의 업무수행과 대리권이 있다는 점을 명확히 규정하는 것은 지식재산권 보호의 통일성과 전문성을 높이고 법률소비자, 발명가, 창작자와 기업의 이익을 효과적으로 보호하고 4차 산업혁명 시대에 다양화되는 지식재산권 보호 수요에 일괄적으로 대응할 수 있다는 점에서 점점 더 필요성과 중요성이 높아지고 있다고 할 수 있다.

독일의 경우 변리사는 변호사와 같은 소송대리권은 없지만, 독일 변리사는 변호사 대리 사건에서의 법정 진술권을 갖고 있다. 경고장 발송 또는 가처분 사건 등에서는 변호사 선임이 강제가 아닌 경우에 단독 대리가 가능하다. 민사법원 사건들, 즉 침해 소송은 변호사 선임이 강제되기 때문에 변리사는 진술권만을 가지며 단독 대리가 불가능하다. 그러나 실제의 침해 소송에서 변리사는 사건의 시작에서부터 변호사와 협업하며 법원에서 활발히 의견을 개진하는 것이 일반적이고, 소송비용도 변호사와 변리사가 50:50으로 하도록 규정되어 있다고 한다.

영국의 경우에서도 침해소송에 대하여 변리사에 의한 단독대리를 폭넓게 허용하고 있다. 심급과 변론 가능 여부에 따라 요구되는 선수교육과 시험의 수준을 3단계로 나누어 운영함으로써, 역량을 갖춘 변리사를 적극적으로 침해소송의 대리인으로 선택할 수 있는 기회를 폭넓게 제공하고 있다. 즉 의뢰인의 입장에서는 사건의 경중이나 내용에 따라 변리사-사무변호사-법정변호사를 각각 단독으로 혹은 공동으로 자유롭게 선택할 수 있다.

현재 세계적으로 출원 대리와 소송대리는 하나의 자격사, 즉 '변리사', 즉 'patent attorney'에 의해 수행되고 있는 것이 추세이다. 권리를 만드는 변리사가 출원 과정에서 겪은 쟁점을 소송의 국면에서도 담당하는 것이 절차 및 비용의 측면에서 합리적이라는 사회적 합의의 결론일 가능성이 높다고 할 수 있다. 출원의 쟁점이 곧 분쟁에서의 쟁점으로 이어지는 것이 지식재산권 업무의 특수성이기 때문이다. 물론 대리가 가능한 소송의 범위는 국가별로 차이가 있으나, 지식재산권 선진국과 주요 경쟁국들에서는 변리사가 대리할 수 있는 소송의 범위가 점차 확대되는 경향을 보이고 있는 것이 분명하다. 그리고 지식재산권의 보호 업무를 전문가인 변리사를 중심으로 통합하여 활용함으로써 국가적, 사회적 효율성을 높이고 있다.

지식재산 거버넌스 체계의
평가와 개선 방향

지식재산정책 전략의 부재

현재 우리 나라의 지식재산 거버넌스 체계는 정책 추진의 전략과 방향성, 일관성, 효율성 측면에서 몇 가지 문제가 있다. 먼저 지식재산기본법에 정부가 지식재산 정책을 추진하는 '기본이념'이 규정되어 있으나, 종이 법전 위의 추상적 선언에 그치고 있을 뿐이고 국가의 일관된 지식재산전략과 비전이 통일적으로 정립, 천명되어 실천되지 못하고 있다고 할 수 있다.

먼저 '지식재산전략대강' 또는 '국가지식재산권전략강요'와 같은 큰 틀의 지식재산권 정책과 전략방침을 제정하여 공표하고 이를 토대로 통일적이고 일관된 정책을 추진하고 있는 일본이나 중국과 대비된다. 출발부터가 근본적으로 다른 것이다. 이로부터 볼 때, 우리나라의 지식재산 거버넌스 체계를 개편, 강화하기 위해서는 먼저 민간전문가와 각계의 의견을 수렴한 '국가지식재산권전

략과 비전'의 수립과 공표, 그리고 이에 기초한 일관된 정책추진이
필요하다.

이러한 전략과 비전에 기초하여 출범부터 잘못 설계된 지식재산
기본법 등의 근본적인 개정작업이 필요하다. 큰 설계도와 나침반
없이 국가와 산업의 혁신을 위한 원대한 지식재산 정책 및 거버넌
스 체계의 수립과 추진이 어떻게 가능하겠는가?

그리고 우리나라의 지식재산 거버넌스 체계를 구체적으로 살
펴보면 지식재산권 관련 업무가 각 부처별로 분산되어 있어 통
일적 업무 수행에 문제가 있다. 지식재산 영역에는 산업재산권뿐
만 아니라 컴퓨터프로그램과 소프트웨어 보호 등 문화기술(culture
technology)을 포함하는 저작권과 새롭게 대두되는 식물신품종, 지
리적 표시, 문화 콘텐츠, 인터넷 도메인이름, 유전자원, 침해물품의
세관 통관 등의 국경조치(border measure) 등 다양한 분야가 존재
하는데, 관할 부처가 각기 다르다. 산업재산권은 특허청을 중심으
로 정책 추진이 되고 있으나 저작권은 문화체육부에 관장하고 신
지식재산권은 유관 부처나 조직에서 분산적으로 다루고 있다. 따
라서 업무의 중복은 물론 통일적 정책 추진이 어렵다.

특허청의 기관 위상과 업무 한계

특허청은 특허심사기관으로서 국가 지식재산 행정 전반을 맡고
있다. 그런데 특허청은 산업통상자원부의 외청으로서 기능과 권한
에 비해 책임이 과도하여 적실성 있는 IP 행정을 기대하기 어려운
실정이다. 단적으로 특허청은 책임운영기관으로서 한계가 있다.

특허청은 2006년에 기업형 책임운영기관으로 지정되어 수입증대와 사업 확대에 골몰하고 있다. 엄정한 심사라는 특허청 고유의 업무를 특허청 내에서 수행하지 않고 특허 출원의 50~60% 정도를 비전문가인 외부기관에 외주화하고 있고 산하기관을 확장하는 데 골몰하고 있어 특허행정이 왜곡되고 있다.

더구나 특허청은 소속 공무원이 변리사 자격제도의 이해당사자이면서 동시에 변리사회 감독기관이기 때문에, 변리사 자격제도에서 자신들의 이해를 먼저 반영하는 부작용이 있어 변리사 자격제도 전반이 후퇴되면서 붕괴될 위기에 처해 있다.

현재 지식재산 행정에서 특허청에 대한 의존도가 높으나 특허청은 스스로의 이해관계에 따라 본연의 업무가 아닌 특허청의 이익에 유리한 정책을 펼쳐 왔다. 이러한 기득권의 이해관계로 인해 우리나라의 지식재산 정책은 특허권 등 지식재산권의 품질 관점의 제도가 제대로 설계되어 있지 않다. 따라서 적절한 권한을 갖고 공정한 행정이 가능한 지식재산 거버넌스 체계구축이 시급한데, 전문가가 참여하여 기득권의 이해관계를 떠나 지식재산권의 품질을 강화하는 방향으로의 개선이 시급히 요구된다.

국가지식재산위원회의 문제점

국가지식재산위원회('국가지재위')에도 문제가 있다. 국가지재위는 법률상 권한에 비해 사업을 수행할 권한이 취약하다. 국가지재위의 업무인 지식재산정책의 기획, 총괄, 평가 등의 역할을 제대로 수행하지 못하고 있는데, 이것은 위원회의 성격이 조정형임에도 불구하고 조정 역할을 할 수 있는 실질적 여건이 마련되어 있지 못하기 때문이다.

업무수행을 위한 전문 인력이 부족하고, 기존 부처들과 업무상 차별성도 결여되어 있어 조정체계로서의 역할을 수행하기 어렵다. 현재 국가지재위는 관련 부처 파견인력에 의해 유지되는 회의기구에 불과한 실정이다. 그나마 사무국인 지식재산전략기획단은 2012년까지 총리실 소속이었으나 2013년부터 정부부처(현재 과학기술정보통신부)로 소속이 변경되어 이전보다 위상이 현저히 낮아졌다고 할 수 있다. 이처럼 국가지재위는 집행권한 없는 단순 회의기구이다 보니 지식재산 정책 컨트롤타워로서의 제 역할을 하지 못하고 있는 실정이다.

지식재산기본법을 근거로 수립된 지식재산종합계획 역시 전문가가 소외되고 비전문가에 의한 단순 민간 일자리 창출에 중점을 두고 있는 실정이다. 국가지재위의 업무가 전문가의 영역임에도 근시안적인 정책 수립으로 지식재산 서비스산업이라는 민간업체를 통한 조직 확장과 자리만 늘리는 정책을 펼치고 있다. 국가가 중장기적으로 추진해야 할 제대로 된 지식재산정책은 방향을 찾지 못하고 있는 것이다. 따라서 국가지재위가 제 기능을 수행하기 위해서는 단순 회의기구체에서 탈피하여 정책을 실질적으로 추진할 전문성과 집행력 강화 등의 여건을 마련해야 한다.

현재 특허청을 비롯한 관청과 관련 부처, 그리고 국가지재위 등의 지식재산 정책 추진에서 비능률이 초래되고 있는 또 하나의 이유는 실질적 권한을 가진 지식재산 최고책임자가 부재하기 때문이다. 미국에서는 이미 10여 년 전에 백악관의 대통령실 내에 지식재산집행조정관을 두어 이를 정점으로 통일적 정책수행이 이루어지고 있다는 점을 유념할 필요가 있다.

대안의 설계방향

저자는 수년 전부터 미국의 제도를 참고하여 대통령 소속의 지식재산정책집행관이 조속히 신설되고 임명되어야 한다고 주장해왔다. 현재 미·중·일 등 주변국가에서는 국가 최고 지도자가 지식재산 정책을 직접 챙기고 비전을 제시하는 적극적 역할을 수행하고 있다. 우리도 대통령이 지적재산 정책에 대한 강한 의지를 표명하고 이를 뒷받침하기 위한 지식재산정책집행관이 대통령의 정책방향을 구현해야 한다.

이 집행관이 대통령 소속이어야 하는 이유는 비서실을 거치지 않고 격상된 위치에서 국정 최고책임자인 대통령과 직접 소통하고 대통령의 의지를 실행하기 위해서이다. 따라서 현재 대통령실

지식재산 거버넌스 세계 개편(안)

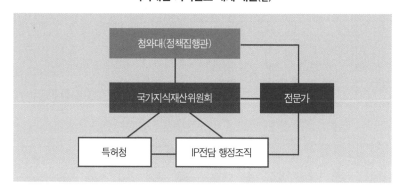

소속의 과학기술보좌관보다도 위상과 규모, 인력이 보다 보강되어야 하고 업무 영역에도 차별성을 가져야 한다.

그리고 이러한 지식재산정책 집행관은 기존의 비전문 관료출신보다는 기업과 정부기관을 동시에 상대하면서 현장에서 경험을 축적하고 제도의 문제점들과 개선방안을 파악하고 있는 민간전문가 중에서 선임되어야 한다. 기존의 관료 출신의 선임으로는 기관 중심의 이해관계에서 벗어난 객관적인 자기평가와 반성이 없는 기존 정책의 되풀이가 되기 쉽기 때문이다. 그리고 이를 통해 민간전문가와 정부책임자의 인적 선순환이 이루어져야 한다.

청와대에 이러한 컨트롤 타워가 정립되고, 각 부처의 의견을 조율하는 국가지재위의 위원장을 대통령이 직접 맡도록 하며 그 권한과 전문성, 조정력과 집행력 강화가 이어져야 한다. 그리고 지식재산권 행정을 통괄하는 국무위원급 또는 이에 준하는 실무 행정기구가 필요하다. 특허청은 상기 행정기구에 속하는 차관급의 기관으로 승격되고 심사와 심판에 집중할 수 있도록 업무가 조정되어야 한다.

또한 현행 변리사법상 변리사제도의 감독기관은 특허청장으로 되어 있으나, 변리사제도와 4차 산업혁명 시대에 걸맞게 조정, 현실화되어야 하는 업무 범위는 농림축산식품부, 해양수산부, 문화체육부, 법무부 등 여러 국무위원 부처와 관련되어 있어 산업통상자원부의 외청인 특허청이 홀로 감당하기에는 벅찬 실정이다. 1999년 변리사법 개정 전까지는 실무는 특허청이 맡아왔더라도 통상산업부장관(구 상공부)이 변리사제도의 감독기관이었던 만큼 제도의 복원 등의 조정이 필요한 실정이다.

이와 관련하여 미국은 백악관의 지식재산집행조정관 외에 상무부 차관이 특허청장을 겸임하고 있고, 일본은 내각총리대신, 즉 수상이 본부장이 되는 지식재산전략본부와 함께 경제산업성에서 산업재산권과 관련한 정책기능을 주도하고 있다. 또한 독일과 프랑스 등에서는 변리사제도를 변호사제도와 함께 법무부에서 동등하게 관장하고 있는 사례들도 참고할 필요가 있다.

그리고 청와대에서 연구개발 및 특허 등 지식재산비전을 주도하고, 국가지재위가 이를 바탕으로 부처 간의 이해를 조정하여 비전 실현을 위한 지식재산전략을 수립하며, 조정된 전략에 따라 지식재산권 실무 행정기구가 지식재산권 관련 정책을 시행하고, 특허청은 국가 지식재산전략하에 유기적으로 심사와 심판전략을 수립하고 시행해야 한다.

지식재산 인력풀 확대와 활용

지식재산 거버넌스 체계의 개편을 위해서는 제도적 문제뿐만 아니라 지식재산 업무를 수행할 전문가 인력풀도 보강되어야 한다. 변리사는 국가유일의 지식재산 전문자격사로서 지식재산 활동에 필요한 전문가로서 핵심적 인적자원이다. 그러나 그간 변리사는 지식재산정책 결정과정에서 소외되어 왔고, 청와대와 국회는 물론, 국가지재위, 특허청, 지식재산관련 부처 등으로의 진출과 활용도 극히 미미한 실정이다.

국가 지식재산 행정에서 변리사라는 인적자원을 활용하지 못하여 전 부처에서 전문가 부재현상을 빚고 있고, 비전문가들이 국가 지식재산정책의 방향과 운명을 결정하고 집행하는 현실이 반복되고 있다. 그리하여 지식재산 활동에 관한 인적 자원의 부재와 체계적 육성과 활용의 결여가 지식재산 활동의 개선에 걸림돌이 되고 있다. 일본에서는 일본변리사회 회장이 내각총리대신이 본부장인 지식재산전략본보의 본부원으로 참여하고, 경제산업성의 산업구조심의회의와 심지어는 사법개혁구조심의회의 위원으로도 참여하고 있는 점을 타산지석으로 살펴볼 필요가 있다.

또한 특허와 지식재산이 강조되고 있는 현 시기에 이를 정책과 제도로 구현하는데서 정당과 국회의 지위와 역할은 오늘날 더없이 중요한 비중을 차지하고 있다. 그런데 각 정당들과 변리사 간에는 당 차원의 제도화된 대화 채널이 없어 각 정당이 지식재산 관련 법 정책 수립 시 지식재산권 전문가인 변리사들의 자문과 조력을 받기 어려운 상황이다.

국회의 경우 변리사 출신의 국회의원, 전문위원, 입법조사관이 전무한 실정이다. 본래 특허 등 지식재산 행정은 고도의 법적, 기술적 지식을 요하는 전문 분야인데, 국회에 전문 인력이 부재하다 보니 상임위 활동과 국정감사 등에서 지식재산 분야에 대한 심도 있는 논의와 검토, 법 제도의 개선과 행정 감시 및 감사를 기대하기 어렵다.

또한 향후 남북 교류시대를 대비하여 북한과의 경제교류 활성화를 위해서는 남북의 지식재산제도의 조화와 통일이 필요하다. 이를 위해서는 당국간의 교류와 대화 뿐만 아니라, 민간전문가인 변리사를 통한 남북 지식재산권 제도의 심도 있는 분석과 대안 제시가 필요한 상황인데, 이에 대한 대비가 정치권에서는 준비되지 않고 있다. 이상과 같이 우리나라에서는 전문 인력이 정작 지식재산 정책에 참여하지 못하는 전문가 부재 현상이 지식재산 활동의 개선에 걸림돌이 되고 있다.

그리고 정부 각 부처와 민간부문 등에서 이러한 지식재산권 전문가로서의 변리사의 활용을 확대하여 정부와 민간의 지식재산 역량을 강화하기 위해서는 다양한 지식재산권 수요에 부응할 수 있도록 변리사의 선발을 위한 변리사시험 과목의 개편[34], 보강과 실무역량 배양을 위한 실무수습 과정의 강화를 통한 능력담보조치를 넓혀나가는 것이 필요하다.

그리고 다른 한편으로는, 최근 무자격자에 의한 특허, 상표출원 대리에 의한 피해, 무자격 컨설팅 업체에 의한 해외특허 출원 대행으로 인한 기업과 출원인들의 피해사례들과 이를 규율할 수 있는 제도적 미비점 등에서 나타나듯이, 이러한 무자격자에 의한 발명가와 기업 등 법률소비자의 피해를 방지하기 위한 입법적 조치의 강화가 필요하다.

민간 전문가의 적극적 활용

그동안 우리나라의 국가정책 운영에서 주요 인력풀은 관료, 직업

---

34 변리사 필수 업무 영역인 디자인보호법의 2차 필수과목 복원 및 저작권법과 식물신품종 보호법, 종자산업법, 농수산물품질관리법, 부정경쟁방지 및 영업비밀보호에 관한 법률, 유전자원의 접근·이용 및 이익공유에 관한 법률, 콘텐츠산업진흥법 등 신지식재산권법 추가 편입 등.

정치인, 교수 또는 시민단체 출신 등이 차지해 왔는데, 각각이 가진 한계를 살펴보면 관료들은 대개 현장경험이 없고 기관 이해, 또는 승진을 위한 성과 중심의 관료조직의 특성상 민간형장에서 제기되거나 정책운용 과정에서 발생하는 수요나 문제의식에 둔감하거나 해당 정책에 대한 전문성이 떨어지고 책임을 져야 할 쟁점들을 회피하거나 해당 기관의 책임과 문제점을 투명하게 밝히지 못하는 경향이 있다는 것이 대체적인 평가다.

교수 등 학자출신들은 실무현장에서도 탁월한 능력을 발휘하는 사람들도 많으나, 다른 한편에서는 이론에는 밝으나 연구 외에 실무경험이 없거나 현장의 경험과 목소리, 조직 운영 등에 정통하지 못한 문제점을 드러내는 경우들도 많다. 직업정치인들은 현장 경험과 경제 운영, 전문성 등에서 취약하고, 시민단체 출신 인사들 역시 현장 경제 운영이나 실물경제의 경험, 자신이 경험한 분야 외의 분야나 사회 각계의 구체적인 전문분야에는 취약한 문제점들이 있다는 평가들이 있다.

반면, 변리사와 같은 민간전문가들은 현장에서 실무를 경험하면서 정부 정책이 현장에서 작동되는 것에 따른 효과와 문제점을 민간 소비자의 입장에서 파악하고, 기업과 국민 등 민간 소비자의 요구와 정책적 요구 등을 잘 알 수 있으며, 해당 분야에 대한 전문성과 함께 직접 민간 실물경제를 경험하고 있다는 점에서, 관료와 교수 등 연구자 출신에 대응하는 국가 정책운영의 중요한 인재풀이 될 수 있다. 이러한 민간전문가를 국가 정책운영에 효과적으로 활용하고 있는 것이 과학기술, 경제, 특허강국 미국의 힘의 원천이다.

다만, 이러한 민간전문가들을 활용함에 있어서는 담당 관료들의 개인적 인연이나 인맥 등을 통한 편의주의적, 형식적 인력 동원으로는 특혜와 개인적 로비, 공무원과의 유착 등의 창구로 활용되거나 대표성, 전문성, 책임성 없이 정책이 왜곡되는 결과만 가져올 수 있어서, 각 민간전문가 단체의 조직을 활용한 체계적이고 대표성 있는 인재활용이 바탕이 될 필요가 있다.

그리고 이러한 정부기관과 민간전문가 단체, 정당과 민간전문가 단체의 체계적, 조직적 정책협의 채널 구축 등을 통해 일방통행식 정부정책을 지향하고 정책의 완성도와 전문성을 높이며 민간과의 소통과 소비자, 주권자 요구의 반영, 국가의 정책수립과 집행의 투명성, 방향성, 일관성, 예측가능성 등을 높여나가야 한다.

그러나 현재까지 우리나라의 이러한 민간전문가의 활용은 특정 직역 등에만 집중되어 있어 법제도를 왜곡시키고 특권을 유지, 확대재생산 하고자 하는 경향이 강하게 있어서, 각 분야의 민간전문가의 균형있는 역할과 활용이 필요하다.

이러한 민간전문가의 활용과 관련하여, 전문가단체의 주장과 목소리에 대해 정부나 국회, 언론 등에서는 직역 이익만을 주장하는 것이 아닌가 하는 편견과 의구심만을 가지고 보거나, 여러 이해관계를 갖는 전문가, 단체 간의 주장대립을 흔히 '밥그릇싸움'으로 치부하며 외면하는 경향이 있다.

그러나 사실 엄밀한 의미에서 '밥그릇'과 무관한 사회적 관계는 없다고 할 수 있다. 중요한 것은 그 '밥그릇'이 사회의 진보 발전의 방향, 공동체의 목표와 이익과 부응하느냐이고 그러한 방향에서 이해관계와 갈등을 조정해 나가야 한다. 따라서 단순한 '밥그릇싸움'이라는 프레임은 사실상 기존의 '기득권'을 옹호하거나 쟁점과 갈등 해결을 회피하는 '무사안일의 탁상행정'을 합리화하는 논리가 되기 십상이다. 사회 각 분야의 주장과 정책적 요구에서 쟁점을 추출하고 갈등과 이해관계를 조정하여 사회와 국가, 산업과 경제의 발전의 방향과 합치하는 방향에서 문제를 해결하는 노력이 없이 현상에 안주하는 결과가 될 수 있기 때문이다.

경쟁국들은 국가발전의 방향에서 갈등과 이해관계를 조정하고 제도발전을 신속히 추진해나가는 상황에서 우리나라만 이러한 기득권의 벽에 막혀 버릴 경우, 국가와 산업, 경제발전을 위한 개혁은 어렵게 된다. 지역이기주의만을 위한 것이라면 당연히 배제되어야 하지만, 사회발전과 제도발전의 방향과 일치하는 것이라면 갈등을 조정하여 국가, 산업, 사회와 함께 발전하는 방향을 적극 채택하도록 나아가야 한다.

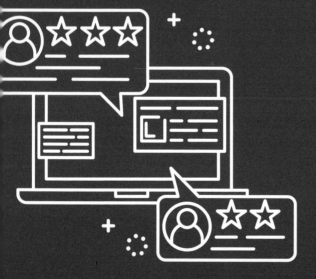

특허협력, 남북교류의 미래 주역

남북한
지식재산권 교류

남북 지식재산권 교류 현황

여기에서는 남북 간 지식재산권 교류에 대해 살펴보기로 한다. 남과 북이 분단된 지 벌써 70년이 넘었다. 그렇게 두 세대를 훌쩍 넘는 시간 동안 남과 북은 경제, 사회, 문화는 물론 언어조차 서로 교류가 차단되어 왔다. 특허와 실용신안, 디자인, 상표 등의 지식재산권 분야의 교류 역시 '단절' 그 자체라 할 수 있다.

　지식재산권 보호는 기업 활동과 투자를 포함한 경제, 문화 등의 교류에 반드시 필요한 선결조건이다. 하지만 저작권 등의 일부 사례를 제외하고는 현재까지 남북의 지식재산권 교류는 사실상 없었다. 심지어 북한은 법으로 남한의 상표 등 지식재산권 등록 자체를 금지할 수 있는 규정을 두고 있어 지식재산권 교류에 큰 장벽이 있어 왔다. 비우호적인 나라의 출원이라는 이유 때문이었다.

　하지만 우리나라 입장에서 남북 간 지식재산 교류협력은 현행

「지식재산기본법」에도 천명되어 있다. 동법 제 38조에는 "정부는 북한의 지식재산 관련 제도·정책이나 현황 등에 대한 조사·연구 활동을 추진함으로써 남북 간 지식재산 분야의 상호교류와 협력을 증진할 수 있도록 노력하여야 한다."고 규정되어 있다. 꼭 이 법이 아니더라도 통일을 지향하는 남북한 정부는 지식재산 분야에서도 교류와 협력을 통해 상호 발전을 도모하는 것은 당연한 일이다.

남북한은 다른 외국의 특허, 상표 등 지식재산권 출원과 등록은 인정하고 있으나 저작권 일부의 보호를 제외하고는 정작 남북 상호간에는 출원과 등록을 허용하지 않고 있다. 그러나 기업의 진출과 투자, 상품 생산과 판매, 교역 등의 경제 교류와 문화 교류를 위해서는 특허 등 지식재산권의 보호가 선결적, 필수적으로 요구되기 때문에, 향후 남북 경협과 교류의 활성화를 위해서는 특허 등 지식재산권의 상호 인정과 교류 및 협력이 시급하다.

북한의 지식재산권 현황은 세계지식재산권기구(WIPO) 자료에서 확인할 수 있다. 이 기구의 자료에 따르면, 2019년 2월 현재 '마드리드 의정서'에 의한 해외 주요국의 북한 국제상표출원은 중국 4,847건, 영국 843건, 프랑스 7,512건, 독일 8,482건에 이른다. 심지어 미국도 애플을 비롯한 기업들의 출원이 1,458건으로, 이들 출원은 정상적으로 심사되어 등록되고 있다. 반면, 남한 측에서 신청한 상표와 같은 지식재산권에 대해서는 전체 83건이 출원되어 심사 완료된 32건 모두 거부되었다. 외국의 출원등록은 가능한데 같은 민족끼리는 오히려 불가능한 실정이다.

특기할 점은 큰 문제는 바로 이 같은 단절 상황이 유독 남북 사이에서만 벌어지고 있다는 점이다. 위의 최근 통계에서도 드러나듯이, 중국과 유럽은 물론 미국도 최근 북한 내 상표출원 등 지식재산권 등록에 열을 올리고 있는 실정이다.

이러한 상황에서는 남한의 유명 상표가 북한에서 외국기업 등에 의해 선점되어 남한기업의 시장진입이 불가능해질 수도 있다. 예를 들어, 최근 경기도에서 유치하려는 북한 '옥류관' 상표가 타인에 의해 선점되어 사업추진에 난관이 생겼다. 남북 지식재산권교류의 단절이 초래한 결과이다.

이제부터라도 남과 북은 지식재산권 교류와 상호인정을 위한 노력을 서둘러야 한다. 사실 남북은 이미 1992년 8차 남북고위급회담 부속합의서와 2000년 6.15 남북공동선언 이행을 위한 투자보장합의서에서 지식재산권을 상호 보호하기로 합의한 바 있다. 더욱이 북한은 지식재산권과 관련한 대부분의 국제조약에 일찌감치 가입했기 때문에 남북이 기존 합의와 국제조약만 잘 이행해도 빠른 시간 내에 상호 지식재산권 보호가 가능하다. 이를 위해서는 무엇보다 남북 당국과 전문가들이 한자리에 모여 머리를 맞대야 한다.

북한은 현재 UN 또는 미국 등 서방국가의 대북제재로 여러 어려움을 겪고 있다. 그러나 남북 지식재산권 교류 부분은 미국 재무부의 대북제재 예외사항에 해당하여 추진에 제약이 없어 당국의 의지만 있으면 실현 가능하다.

미국 행정명령에 따르면 북한에 지식재산권 보호와 관련된 대금 지급은 승인되고 있다. 이처럼 대북제재의 틀에 닫혀 있는 특수한 시기에 지식재산권 협력은 남북협력이 허용되는 분야라는 점에 주목할 필요가 있다. 남북 지식재산권 교류 협력은 향후 남북경협이 순조롭게 확대될 수 있도록 하는 지렛대가 될 수 있다.

지금 우리는 본격적인 남북경협 시대를 앞두고 있다. 남북경협은 남북 지식재산권 협력을 바탕으로 추진해야 사후 지식재산권 관련 분쟁을 방지할 수 있으며, 이는 남북경협의 최우선 과제이다. 이제부터라도 지식재산권 교류의 구체적 준비와 실행을 서둘러서 향후 남북 정부차원의 경협 시 그 마중물 역할을 할 수 있도록 해야 할 것이다.

남북 지식재산권 교류를 위한 제도 검토

남북경제협력은 1988년 7월 노태우 정부의 7.7선언(민족자존과 통일번영을 위한 특별선언) 이후 발표된 「남북물자교류에 대한 기본지침」에 따라 북한과의 교역이 시작되면서 공식화되었다. 그러나 정치·군사적 요인에 직접적인 영향을 받으며 2016년에는 개성공단이 폐쇄되어 남북 간 경제협력은 중단되었다. 현재는 남북 간 경제협력은 어려운 상태이나 국제 정세의 변화 또는 남북 당국의 결단으로 화해무드가 조성되면 개성공단이 재가동될 수 있을 것이고, 더불어 지식재산권의 교류 또한 기대할 수 있을 것이다.

현재까지 남북의 지식재산권 교류는 특허분야에서는 부족했지만 저작권 분야에서는 적지 않은 성과도 있었다. 이는 문화예술분야가 남북 상호 간의 이질성을 극복하고 민족 동질성을 회복하는데 결정적인 기여를 할 수 있을 뿐 아니라 통일 이후의 사회적 통합을 이루는 데도 기폭제 역할을 할 수 있다는 점에서 우선적으로 추진된 것으로 보인다. 특히 2006년 3월 남북경제문화협력재단이 통일부로부터 '북측 저작권 대리·중개사업' 승인을 받은 후 동 재단이 창구가 돼 다수의 저작권 거래가 이뤄지기도 하였다.

한편, 이러한 북한 저작권의 보호는 남한의 「저작권법」에 따른 보호로 해석되는데, 대한민국 헌법 상 대한민국의 영토는 한반도와 그 부속도서로 한다고 규정되어 있어(제3조), 북한 지역에도 남한의 법령이 적용된다고 보는 것이다. 이러한 지식재산권의 상호 보호는 중요한 진전이나 단순히 "북한이 헌법상 남한의 영토를 불법점유하고 있다"는 사고방식만으로는 장기적인 발전을 도모할 수는 없을 것이다. 앞서 지적한 바와 같이 합의서·조약을 통해 상호 지식재산권을 보호할 수 있는 제도적인 근거가 절실하다.

따라서 지식재산권이 중심이 된 합의 및 각종 조약의 체결을 적극적으로 추진함으로써 남북 간 특허 등 지식재산의 교류를 실현할 수 있을 것이다. 이는 곧 남북의 경제적 협력으로 이어질 수 있

남북한의 국제조약 가입 현황

구분	국제기구/조약명	가입일/효력일	
		남한	북한
일반	산업재산권 보호를 위한 Paris 협약	1980. 5. 4.	1980. 6. 10.
특허	특허협력조약(PCT 조약)	1984. 8. 10.	1980. 6. 10.
상표	표장의 국제등록에 대한 Madrid 의정서	2003. 4. 10.	1996. 10. 3.
디자인	디자인의 국제기탁에 관한 헤이그 협정	2014. 3. 31.	1992. 5. 27.
저작권	문학·예술적 저작물의 보호를 위한 베른 협약	1996. 8. 21.	2003. 4. 28.

다. 저작권 교류를 통해 남북한 문화의 이질감을 해소하고자 했던 노력과 같이, 특허권 교류를 통해서 남북한 경제교류의 활성화와 함께 경제·생활수준의 격차를 해소할 수 있을 것이다.

이때 양측의 변리사회와 같은 민간단체와 전문가가 중심이 되어 상대측의 특허권 등 지식재산권에 관한 대리를 할 수 있을 것이다. 예컨대 남한에서는 대한변리사회가 중심이 되어 북한과의 특허권 교류에 관한 사항을 집중적으로 대리하거나, 공모를 거쳐 일부 특허법률사무소 또는 특허법인이 이러한 역할을 수행할 수도 있다. 중요한 점은 남북한이 단지 원조 차원의 경제교류를 추진하거나 경제교류에 뒤따라가는 방식으로 지식재산권 교류가 추진되어서는 안 된다는 점이며, 특허권 등 지식재산권을 중심으로 하는 남북 간 교류·협력이 경제교류에 앞서 선행되어 정비되어야 한다는 점이다.

남북 간 지식재산권 교류라는 문제와 관련하여 우리보다 앞서 타이완과 홍콩 그리고 마카오와 교류를 진행해온 중국의 경험은 우리에게 많은 시사점을 던져줄 수 있다. 우리로서는 먼저 중국과 타이완이 체결했던 〈지식산권보호협의〉처럼 남북 간에 〈남북한 지식재산권보호협정〉을 체결하는 방식을 우선적으로 고려할 필요가 있다. 이러한 성격의 협정을 체결함으로써 남북 지식재산권 교류는 확고하게 그 지평이 열려 본격화될 수 있을 것이다.

아울러 이러한 협정이 체결되기 전이라도 남측부터 먼저 북한측(혹은 동포)이 한국에 신청한 특허 등록을 받아들이고 남한의 신청인과 동등하게 대우하는 방안이 적극적으로 검토되어야 할 것

이다. 현재 북한도 PCT(특허협력조약)를 비롯하여 다수의 관련 국제
조약에 가입되어 있다. 북한은 1980년 7월 8일 PCT에 가입하였고,
이보다 앞서 1974년 8월 17일에 세계지식재산권기구에 가입한
바 있다. 따라서 PCT를 비롯하여 남북이 같이 가입한 국제조약의
원칙과 규정에 의거하여 남북 지식재산권 교류를 진행해야 할 것
이다.

한편 북한의 「발명법」은 남한의 「특허법」에 비해 매우 형식적이
고 단순하게 규정되어 있다는 점에서 절차상 미비점을 지니고 있
다. 이는 특허 관련 절차에서 정부의 자의에 따라 권리가 조정되거
나 제한될 수 있는 위험성이 상존하고 있음을 의미한다. 그 밖에
도 남한과는 달리 문제 발생의 가능성이 낮지만 법으로 규정되어
야 할 상세한 부분에 대하여 규정이 없어 많은 절차상 한계를 가지
고 있다. 특히 북한은 발명에 대해 발명권과 특허권을 부여하는 2
개의 제도를 갖고 있고 그 권리주체와 등록요건, 권리의 내용 등에
차이가 있어 행정적 혼선과 낭비를 초래할 가능성이 있다.

이를테면 발명권에 대한 이용권은 국가가 가진다는 점에서 개
인이 발명이용권을 행사하려고 할 때 국가의 승인을 받아야 하는
번거로운 약점이 있다. 발명권을 특허권으로 전환할 수도 없을 뿐
만 아니라 발명권의 효력기간을 무기한 인정해줌으로써 한 번 발
명으로 영구히 권리를 보장받게 되는 등 오히려 발명의욕을 저하
시킬 우려가 있다. 또 새로운 기술을 순환시키고 산업에서의 이용
가능성을 증대시켜 국가 산업발전에 기여하고자 하는 측면에서도
그 영향력이 감소할 가능성이 적지 않다. 나아가 단순 행정을 하는

발명총국과 심의를 하는 발명심의위원회가 별도로 존재한다는 점에서 업무의 효율성 저하를 예상할 수 있다.

그 밖의 공업도안(디자인), 상표 또한 다른 부서에서 관장한다는 것도 마찬가지이다. 다만, 북한은 최근 지식경제를 강조하면서, 지식재산권 보호를 위해 '지적소유권국'을 설치하여 지적소유권 보호 체계를 통일하고, 발명법, 상표법, 공업도안법, 저작권법 등의 개정을 추진하고 있으며 지식재산권 침해를 막기 위한 감독을 강화하고 있다고 보도된 바 있다.[35]

형식심사가 종료된 직후 발명을 공개하는 제도는 국제적으로 확립된 법정 경과기준(1년 6개월)을 충족하지 못하고 있으며, 권리침해에 따른 제재가 기존의 법률체계에 산재되어 있다는 점에서 법적 안정성 또는 국가의 자의적인 제재에 대한 위험성이 존재한다.

북한은 '우리식 체제' 하의 독자적인 시스템을 가지고 있는데, 다른 나라에 없는 북한만의 특이한 제도는 산업재산권의 국제적 상호 교류가 곤란한 구조적 한계점을 지니고 있다. 이는 남북한 산업재산권 통합 시 전문성 및 상호 교류의 어려움으로 인해 통합의 장애로 작용할 위험성이 크며, 제도 자체가 전형적인 하향식 구조로 국민보다는 국가가 우선시 되는 제도로 파악된다.

또한 우리와 이념체계가 상이하다는 점에서 관련법의 입법 미비, 관련 자료의 미개방, 국제 무역에서의 인식 미비와 같은 한계점으로 인해 보다 적극적인 제도 개선과 학술·실무적 차원의 교

---

35 2019.8.18. 전자신문 기사 외.

류가 필요하다. 실제로 북한의 PCT 출원 건수만 보더라도 2016년
도에는 4건, 2008년부터 2016년도까지 총 34건에 그치고 있다. 이
는 북한이 내부적인 노력에도 불구하고 국제무대에서 특허를 활
용할 수 없음을 시사하고 있다.

이밖에도 향후 개성공단이 재가동될 경우 등 경제특구에 진출한
우리 기업의 특허와 상표 등 지식재산권의 침해가 야기될 수 있다.
북한 내에서 남한 지식재산권이 침해되는 상황을 규제할 수 없게
되면 북한은 중국과 함께 제2의 남한 지식재산권 침해지로 부상하
게 될 가능성이 매우 높다.

단계적인 법제 통합의 길

남한과 북한은 활발한 교류와 국제시장에서의 시너지 효과 창출
을 위해 법제의 통일성을 강화해야 한다. 이는 단순히 통일에 대비
한 통합 법제를 구성하는 것이 아니라, 남북 간의 합의서 및 국제
조약을 통한 상호 지식재산권 보호를 의미하는 것이다. 따라서 앞
서 제시한 바와 같이 남북 간 합의에 따른 지식재산권의 상호 인정
과 보호가 필요하다.

이와 관련해서는, 이미 1991년 「남북 사이의 화해와 불가침 및
교류·협력에 관한 합의서」를 통해 "남과 북은 쌍방이 합의하여 정
한 데 따라 특허권, 상표권 등 상대측 과학·기술상의 권리를 보호
하기 위한 조치를 취한다."는 약속이 있었다. 그러나 이 합의서는
다분히 원칙 차원의 선언적 규정의 성격이 있어 동 합의서가 조약
인지 아닌지에 대한 여부조차 불분명하다는 점에서 지식재산권

교류를 위한 제도적 기반이 되기에는 부족하다. 한편 2000년 남북 공동선언에 따른 「남북 사이의 투자보장에 관한 합의서」에서는 특허 등 지식재산을 투자자산으로 규정하고 보다 유리한 조건으로 보호하기 위해 노력한 바 있으나, 앞서 검토한 바와 같이 실질적으로 남북 간의 특허권을 통한 투자가 거의 이루어지지 않고 있다는 점에 비추어 한계가 있다.

향후 남북한 간 경제협력이 진행될 때 북한이 남한 내에서 지식재산권 침해에 대하여 문제를 제기할 수도 있으며, 시장에서 활용 가능한 기술을 창출하고 이를 통해 국익을 증진하려는 노력을 할 것이다. 그리고 북한이 남한에 대하여 남북한 간 지식재산권 상호 인정을 요청하게 될 시기가 도래할 수도 있을 것이다. 반대로 남한의 상품이 북한에 활발히 수출되며 남한 기업과 국민의 특허권 보호 요청이 증가할 것이다.

우리는 이제 보다 적극적이고 구체적인 방식으로 남북한 간의 지식재산권 보호에 관한 합의를 도출하고 이행해야 한다. 예를 들어 가칭 '남북한 지식재산권 보호에 관한 합의'를 통해 남북한이 각각 상대방 국적의 주민과 기업에게도 등록과 권리행사를 허용하면서 지식재산권을 상호 인정하는 방안을 찾을 수 있다. 다만 이러한 합의는 경제협력에 따른 합의의 일부가 되어서는 안 되며, 지식재산권만을 위한 합의로 전개되어야 한다. 즉, 지식재산권은 남북 간의 관계에 있어 별도의 지위를 차지하고 그 특성을 고려하여 별개로 혹은 가장 먼저 진행되어야 할 사항인 것이다. 중국-타이완 및 중국-홍콩 간의 전략적·경제적 교류 사례와 같이 기본적으로 양측의 경제적 효용을 위한 지식재산권의 교류가 이루어져야 한다는 것이다.

한편 가입된 조약을 적극 활용해야 한다. 북한이 강제력을 갖는 WTO/TRIPs 협정에 가입하지 않는 한 대부분의 조약은 북한의 선택에 따라 무용지물이 될 수 있으므로, 적극적인 교섭을 통해 기존 조약을 이행하도록 해야 한다. 특히 북한은 남한에 비해 수많은 천연자원, 생물자원과 전통지식을 보유하고 있는 상황에서 관련된 국제규범을 통한 적절한 합의도 필요하다.

이를테면 생물다양성협약에 있어 남한은 생물자원이 빈약한 선진국의 입장에 서 있다. 그러나 북한은 이와 정반대의 상황에 있다는 점에서 관련 분야에서의 적절한 교섭 및 국제 협상에서의 협조를 통해 지식재산권 분야의 우호적 합의를 도출해낼 수 있다. 특히 WIPO가 국가 간 위원회를 설립하여 전통지식 및 유전자원에 대한 지식재산권적 보호를 추진하고 있는 현 상황에서 남한이 가진 기술력과 북한이 가진 자원의 결합은 더욱 큰 가치를 가질 수 있음을 상호 인정하고 이에 따른 전략적인 관계수립이 절실하다.

제도에 기반한 교류·통합은 남북 간의 협력에 안정적인 근거를 제공하고 제도의 조화와 통합에 모델이 될 수 있다는 점에서 유의미하다. 그러나 남북 간의 협력은 국민적 지지가 필수적인 영역이라는 점에서 민간 차원에서 교류가 이루어지지 않는 한 의미가 없다. 따라서 민간단체가 중심이 되는 학술·실무적 차원의 교류가 활발하게 이루어져야 한다. 이미 남북경제문화협력재단이 남북 저작권 대리사업을 펼쳐나가며 저작권을 통한 문화교류에 힘쓴 바 있고, 개인·기업 차원에서는 북한의 출판물·방송·영화 등의 저작권 라이선싱을 진행한 바 있다. 특허 등 지식재산권의 분야에서도 마찬가지로 민간 분야에서 교류를 통해 경제적 협력의 기반을 이루어나가야 한다. 특히 제도적 특성이 완전히 다른 발명보호제도에 있어서는 학술적 교류 또한 중요하다고 할 것이다.

이와 관련하여 대한변리사회는 남북정상회담을 맞아 성명을 통해 회담을 적극 지지하고 환영하며 남북한의 지식재산권 교류를 추진하고 관련 노력에 힘쓰겠다고 밝힌 바 있다. 그러면서 '남북한 지식재산권제도 교류 및 통일 관련 연구를 위한 특별위원회'를 설치하여 통일을 대비해 바람직한 지식재산권 제도의 통합을 연구하는 등 민간 지식재산권 전문가 단체로서 역할을 다하기 위해 노력하고 있다. 또한 대한변리사회는 2018년 9월에 5개 국회의원실과 공동으로 '남북한 지식재산권제도 교류 협력을 위한 심포지엄'을 개최한 바 있다.

이처럼 전문성을 가진 민간단체가 중심이 되는 학술적인 행사를 통해 국민의 공감대를 넓히는 한편 북한과의 직접적인 교류, 이를테면 공동 심포지엄 또는 남북 협력 단체의 구성을 통해 민간이 중심이 되는 교류를 지속적으로 이행해야 할 것이다. 이러한 민간 차원의 활동은 남북 간 지식재산 분야의 교류 활성화는 물론 통일을 위한 가장 핵심적인 활동이 될 것이다. 이는 종래와 같은 하향식 의사결정에서 탈피한 상향식 의사결정이 이루어질 수 있게 하고, 궁극적으로는 통일이라는 민족의 사명을 보다 굳건히 지탱하는 뿌리가 될 수 있을 것이다.

독일과 중국의
사례

동서독 지식재산권 협력 모델

1989년 11월 9일은 독일에서 역사적인 베를린장벽의 붕괴가 일어난 날이다. 그리고 1년이 채 지나지 않은 1990년 10월 3일, 마침내 독일은 통일되었다.

독일 통일 직전에 체결된 「독일통일달성에 대한 독일연방공화국(서독)과 독일민주공화국(동독)간의 통일조약」 제1장 제1조 제1항은 "동독의 5개 주는 동독의 서독 편입발효와 동시에 1990년 10월 3일부로 서독의 주들이 된다."고 규정하였다. 그리고 제8조(연방법의 확대 적용)는 "양독 통합이 발효할 때 동독의 5개 주에는 이 조약, 특히 '부속문서 I'에서 달리 규정하지 않는 한 연방법령이 적용된다."는 점을 명문화하였다.

지식재산권과 관련된 법률로는 「산업재산권 확장법 〈통일조약 부속문서 I, 3장 E, Sec. II No. 1〉」이 제정되었다. 1990년 8월 31

일 동서독 간에 체결된 동법 제3조 제1항은 "1990년 10월 3일 이전의 출원과 등록은 구 동서독 각각의 지역에서만 유효하며, 각각의 법 적용이 계속된다. 조약에 의한 출원, 등록의 경우에도 동일하다."고 명시했다. 제5조는 "동독에서는 등록되었으나 서독에서는 등록되지 아니하여 보호되지 않는 동독 등록상표를 서독에서 사용하고자 하는 자는 상표권이 확장되는 경우에 서독에서 상표의 무효심판 제도에 따르는 보호를 청구할 수 없다."고 규정하였다.

「산업재산권 확장법」 제1조에서는 구 동서독의 특허, 실용신안, 반도체 배치설계, 디자인, 서체 및 상표에 대한 출원 등록은 독일 전역에서 효력이 있는 것으로 그 권리가 상호 확장되었다. 다만 구 동독 지역에서 신청, 등록된 원산지 표시에는 적용을 하지 않았다.

동법 제20조는 "구 동서독 중 어느 하나의 법에서 등록이 허용되었던 상표는 직권으로 (불사용) 취소될 수 없다."고 규정하고 있으며, 또 동법 제30조 제1항은 "권리가 확장된 결과에 따라 저촉되는 (동일 또는 유사한) 상표는 다른 상표의 권리자의 동의를 받은 후에만 사용할 수 있다."고 명시하고 있다.

한편 동서독은 통일조약 발효 이후부터 산업재산권 확장법 이전까지의 기간(1990.10.3.~1992.4.30.)에 법적으로 해결되지 못하는 사안에 대하여 당사자들이 "경제적"인 해결책을 추구해 왔다.

그러다가 산업재산권 확장법을 통하여 두 개의 다른 제도의 통일이 가능해졌고, 어느 한 쪽 제도에 우선권이 부여되지 않았다. 그럼에도 불구하고 법적 조치만으로 해결될 수 없고 당사자와 대리인이 해결책을 찾아야 하는 사안들이 나올 수 있다.

통일 이전 동서독의 산업재산권 보호는 상호 인정(상호 간의 지식 재산권 보호)의 원칙 아래 진행되었다. 파리조약 당사국으로서 동서 독은 자국의 국적으로 상대방 국가에 특허·디자인·상표를 출원, 등록하도록 하였다(파리조약 제2조 조약 당사국 국민에 대한 내국민 대우, 제4조 A-1 특허·디자인·상표 출원일의 우선권 인정).

여기에서 상대국(서독) 대리인의 자국(동독) 출원 대리를 허용(서 독의 일방적인 조치)하는 등, 동서독이 상대국의 대리인을 선임할 필 요 없이 자국의 대리인이 직접 상대국의 특허청에 출원할 수 있 도록 허용하였다. 다만 서독이 일방적으로 구 동독에 허용하는 방 식으로 이루어진 것이고, 동독의 경우 공산정권이 붕괴되고 통일 되기 7개월 전인 1990년 3월 21일, 대리인법 규정을 구 서독과 같이 변경하면서 허용되었다. 이와 아울러 동독의 법 개정(통일화 Harmonization)이 이뤄져 결국 통일 직전에 동독이 서독의 제도에 맞춰 상당 부분 산업재산권 법을 개정하였다.

남북한과 동서독의 차별점과 시사점

남북한과 동서독의 지식재산권 교류는 서로가 처한 상황이 다른 만큼 차이점이 있다. 독일의 경우, 구 동독의 5개 주가 11개 주로 된 구 서독의 연방에 편입되면서 구 서독의 모든 법이 구 동독지역 에 적용되었고, 구 동독 법은 효력이 중단되었다. 또한 독일 통일 로 체결된 통일조약에 의하여 새로 발생하는 산업재산권은 서독 법이 적용되며, 1992년 5월 1일 산업재산권 확장법 제정으로 동서 독 산업재산권이 독일 전역으로 상호 확장되었다. 이와 달리 남북한은 각각의 지식재산권법이 존재하고 있고, 남북한 간의 지식재산권 교류는 전무한 상태이다. 그리고 북한 지식재산권 정보가 사실상 없는 실정이다.

국제 정세도 우리의 경우 녹녹하지 않다. 독일의 경우 미국이 독일 통일을 적극 지지하고, 구 소련과 영국, 프랑스를 설득하는 데 성공하였다. 독일 통일 1년 후 소련이 붕괴하였다. 국제적 여건이 독일에게 유리하게 조성되고 있는 가운데 통일을 달성했다. 그러나 한반도는 북미 간 비핵화 및 평화협정 협상의 불확실성이 여전히 존속하고 있고, 미·중 간 무역 전쟁이 가열되고 있으며 한국과 북한 모두 국제무대에서 발언력이 강하지 못하다.

하지만 동서독에 적용되었던 '상호 인정 모델'은 남북한이 각자의 법률이나 제도 개선의 노력 없이 곧바로 적용될 수 있다. 남북한이 기존에 가입한 국제조약을 준수하는 것만으로 지식재산권 교류가 가능하다. 또한 남북한이 서로의 지식재산권을 정상적으로 보호하겠다는 선언만으로 가능하다. 이를 위해서는 북한의 남한 기업 출원에 대한 정상적인 심사나 남한의 북한주민 접촉 신청 절차의 개선이 필요하다.

하지만 상호인정 모델은 한계도 있다. 지식재산권은 전통적으로 속지주의에 근거하여 보호되어 왔다. 남북한이 각자의 법률과 제도에 의하여 지식재산권을 보호하면, 남북한의 경계를 따라 한반도 시장이 남북한 각각의 2개 시장으로 분할될 수밖에 없다.

남한 기업의 상표가 북한에서 보호되지 않으면 남한 기업은 브랜드를 변경해야만 북한 시장에 진출하게 될 수 있고, 남한 기업의 특허와 디자인이 북한에서 보호되지 않으면 남한 기업 제품의 위조 상품이 북한에서 범람할 수 있다. 그리고 이러한 위조 상품이 다시 남한으로 넘어오게 되는 리스크가 있을 수 있다.

이제 남북한 지식재산권 교류협력에서 유의할 점을 짚어보기로 한다. 무엇보다 지식재산권 보호의 문제는 개도국과 선진국 간의 이해관계 대립의 성격을 지니므로 보호수준의 향상을 일방적으로 요구하지 않고 상호적인 이익과 발전을 목표로 삼아야 할 것이다.

한편 TRIPs(무역관련 지식재산권)에서도 최소 수준의 지식재산권 보호에 대해 개도국에는 유예기간을 부여하였다. 북한에서의 지식재산권 보호가 지식의 확산과 혁신활동 견인으로 이어질수록 협력해야 한다.

마지막으로 북한의 과학기술과 발명은 정부의 계획과 통제에 따라 이루어져 온 것인 반면, 남한의 특허 제도는 경쟁과 시장논리를 기초로 발전해온 것이므로 남북한 지식재산권 교류협력을 통한 지식재산권 보호의 강화가 북한에서 긍정적으로 수용되는지도 검토해야 할 것이다. 다만, 이와 관련해서는 북한도 최근 지식경제를 강조하면서 지식재산권 보호 강화를 추진하고 있는 것으로 보도된 것은 긍정적인 변화라 할 수 있다.

중국과 타이완 간 지식재산권 교류 현황과 시사점

중국과 타이완 사이의 재식재산권 교류 현황은 어떠한지 알아보기로 한다.

양측 교류의 큰 장벽은 제도의 차이다. 타이완에서는 국민당 정부 시절인 1944년에 제정된 전리법이 특허 제도의 뿌리를 이루고 있다. 반면 중국은 1985년에서야 비로소 전리법이 제정되어 시행되고 있어 제도상 진전의 속도에 차이가 있다.

　중국과 타이완의 전리제도에서의 차이를 보면 '전리'의 정의부터가 다르다. 중국의 전리법상 발명은 "물건, 방법, 또는 그 개량에 대해 제출된 새로운 기술적 방안"을 말하며 전리 등록을 위해서는 신규성, 진보성, 산업상 이용가능성이 있어야 한다. 그리고 발명창조에는 발명, 실용신안 및 디자인이 포함된다.[36] 이에 대하여 타이완에서는 발명전리는 "자연법칙을 이용한 기술적 사상의 창작물"을 말하며 신규성, 진보성, 산업상 이용가능성이 있어야 한다. 또한 타이완에서는 특허 존속기간 중에 원발명의 주요한 기술 내용을 이용하여 재발명을 한 경우 추가 전리를 출원할 수 있는 제도를 두는 등 전리의 범위와 등록요건 등에서 제도적 차이가 있다.

　특허 침해에 대한 징벌적 손해 배상제도는 타이완은 비교적 일찍 3배 손해배상제도를 도입했다. 이후 일시적으로 후퇴하기는 했으나 최근 3배 손해배상제도를 회복시켰다. 중국은 징벌적 손해배상제도를 상표권 침해에 대해서는 이미 도입했지만 특허권 침해에 대해서는 그간 도입하지는 않았다가 국제적 추세에 따라 5배 손해배상제도의 도입을 추진하고 있다.

　양측의 상대방에 대한 전리 신청 규모를 보면 타이완이 중국에

36　서지영·김인권 공저, 『중국특허법』, 한국특허아카데미, 2006 참조.

대해 신청한 양은 많은 반면, 중국이 타이완에 대해 신청한 양은 적은 편이다. 2016년 4월까지 타이완인들이 중국에서 신청한 각종 전리는 총 15만8천 건으로 1년 평균 약 2만 건 정도이지만 중국인이 타이완에 신청한 전리의 총 건수는 5,113건 정도이다. 중국의 특허 출원이 연간 138만여 건(2017년)인 점을 고려하면 중국이 타이완에 등록한 전리는 미미한 수준이라 할 수 있다.

양측의 전리 교류는 타이완에 마잉주(馬英九) 정부가 들어서면서 확대되었다. 마잉주 정부는 2008년 12월에 중국과 타이완 사이 3통(통상·통항·통우) 합의를 이루어 교류 협력이 확대되었다. 이어 2010년 6월에 '양안 지식산권 보호합작 협의'(지식산권보호협의)를 체결하여 양측의 소통 채널을 확대하기로 했다. 이 협의에 따라 전리와 상표, 저작권 및 식물신품종권 등의 지식산권 보호 분야의 교류와 합작을 강화하였다.

지식산권보호협의는 17개 항으로 이루어져 있는데, 상표와 전리의 우선권을 상호 인정하였다는 점이 눈길을 끄는 대목이다. 전리와 상표가 타이완이나 중국 어디에서든 출원되면 상대측에 아직 출원이 이루어지지 않았어도 1년 내지는 6개월의 우선권을 보장받는다는 것이다. 이러한 양측의 전리 교류 확대 추세는 2016년에 반중국 성향의 차이잉원(蔡英文) 민주진보당 정부가 들어선 이후로는 위축되는 양상을 보이고 있다.

중국과 타이완 사이의 지식재산권 교류 협력을 보면, 남북한 사이의 교류 협력에 아쉬움이 있다. 중국과 타이완 사이에는 자유무역협정을 활용하고 '하나의 중국'이라는 이념 하에 민간차원의 교류를 추진하였다는데, 남북한은 상호 내국민 대우가 가능한 조약을 맺었음에도 실질적인 교류가 막혀 있는 실정이다. 남북한 간 교류의 물꼬는 중국과 타이완 사이의 '지식산권보호협의'처럼 '남북한 지식재산권보호협정'을 체결하는 방식으로 우선적으로 이루어질 필요가 있다.

6

혁신성장의 길 - 리더십과 인사이트

지속가능한
기술혁신 방안의 모색

기술혁신을 위해서는 시장에서 경쟁적 연구개발이 지속적으로 일어나야 한다. 그리고 그 방향성은 국가가 주도하여 제공하는 기초기술에 의해 일정한 흐름을 자질 수 있도록 제어되어야 한다.

국가가 주도하는 연구는 국가가 설정하는 해결과제로서 미션형 연구개발로 촉발되는 것이다. 연구개발과 기술패권에 대한 지도자의 의지가 필수적으로 전제되어야만 가능한 일이다.

지도자가 기술패권에 대해 의지가 없고 그래서 기초기술 연구를 연구자의 자율에 맡기는 순간, 연구의 비효율은 늘어나고 고위험 장기 과제는 외면받게 되어 있다. 기술력의 고도화는 시작도 못 해볼 것이다. 학생에게 무엇을 공부할지 스스로 결정하게 하는 것과 마찬가지 우를 범하는 것인데, 무엇을 공부할 것인가는 국가의 인재상을 바탕으로 국가가 정해야 한다.

연구개발의 기본 방향 역시 국가가 해결과제를 설정하여 이끌어나가야 하는 것이다. 방향성에 대한 의지, 이것이 리더십이다. 요즘 화두인 기술의 자립은 기술의 고도화를 통해 가능한 것이며, 그 시작은 지도자의 기술패권의지이고 리더십임을 명심해야 한다.

고도화된 기초기술은 시장에 이양되고 기업은 산업기술을 개발하여 산업경쟁력을 확보해야 한다. 이때 모방과 개량의 과정을 통해 지속적인 기술혁신이 일어난다. 이 과정을 뒷받침하기 위해 가장 중요한 것이 특허 제도이다.

특허 제도는 국가의 산업발전 정도와 국가 연구개발 방향성을 고려하여 권리의 보호를 조정할 수 있어야 한다. 즉, 특허 제도는 고정되거나 불변의 가치를 추구하는 것이 아니라는 것이다. 무체 재산권의 보호 자체가 목적이 아니라 그 보호를 통해 산업발전의 최댓값을 끌어내기 위해 때로는 권리자로 때로는 시장으로 무게추를 옮기면서 가변적으로 운영해 나가야 한다. 결국 지속가능한

주요국 과학기술혁신 정책

구분	과학기술혁신 정책	주요 연구개발 분야
미국	미국혁신전략 ('09, '11, '15년 개정)	국가 안전보장·군사적 우위, 경제성장, 건강·보험, 에너지, 혁신적 기초연구, 연구인력, 연구 인프라 현대화, 부처간 효율성
일본	제5기 과학기술기본계획 ('16)	에너지, 차세대 인프라, 지역 자원, 건강·장수, 빅데이터 플랫폼, 뇌정보 시각화, 고기능 단백질 소재 개발
중국	과학기술혁신 제13차 5개년계획('16~'20)	항공우주, 전자통신, 임상의학, 농경학, 생물학
독일	하이테크전략 2015('18)	디지털화 대응, 지속가능한 에너지 생산·소비, 혁신을 창출하는 노동, 건강, 스마트한 교통·수송, 민간 안전 보장
영국	산업전략('17)	AI, 빅데이터 분석, 청정 성장, 이동성 미래, 고령화 사회

자료: 과학기술정보통신부·한국과학기술평가원, 『과학기술 & ICT 정책·기술 동향』 134호, 2019.1.11.

기술혁신을 이끌 가장 효과적인 방법은 특허 제도의 효율적 운영이다.

현재 우리나라는 특허 제도를 포기하고 특허청을 돈 벌어들이는 기업으로 운영하고 있다고 해도 과언이 아니다. 화수분을 양동이로만 사용하고 있는 소탐대실의 코미디가 아닐 수 없다. 특허청의 제자리 찾기, 4차산업혁명을 위한 어떤 화려한 구호보다도 선결되어야 하는 과제이다.

혁신성장의 재원과
인력확보

문제 해결의 열쇠, 돈과 사람이다

국가미션형 연구개발을 촉발하기 위해서는 지속가능한 예산을 확보하는 방안도 필요하다. 우선 산업기술 연구개발에 지원되는 예산은 대폭 절감할 필요가 있다. 시장에서 자생적으로 확산되어야 할 기술을 국가가 예산을 지원하여 주도하게 되면 도덕적 해이만 부르고 기술개발 의지를 약화시킴은 앞서 살펴본 바와 같다.

그 밖에 예컨대 토지보유세 등이 가장 큰 재원이 될 수 있을 것이다. 토지보유세는 단순히 분배의 측면으로 접근한다면 지속가능하지 않게 된다. 오직 이를 기술혁신을 위한 연구개발 투자와 경제성장을 이루는 선순환 고리로 연결할 때만이 비로소 국민적 호응과 지속성을 확보할 수 있다. 국가 연구개발 전략이 뚜렷한 방향성을 가지고 이러한 부동산 불로소득에 대한 세수 활용이 있어야 한다.

한국의 토지 보유 실태는 상위 1%가 보유한 토지는 가액기준으로 토지의 46%, 상위 10%가 소유하는 토지는 83.9%로 소유편중이 과도하게 되어 있다. 부동산 불로소득에 대해 토지보유세 형태로의 환수를 통해 국가 R&D 예산 등에 재투자하는 기술혁신과 경제성장의 선순환 고리를 만들어야 한다.

인적 자원 확보 방안도 필요하다. 인적 자원에 대한 국가적 관리·평가 시스템이 도입되어야 한다. 프로젝트나 사업을 수행하는 전문 인력을 국가적으로 관리하고 인력풀을 평가하고 관리하는 시스템을 국가 차원에서 체계적으로 관리하도록 하여, 전문 인력에 대한 DB를 축적하고 활용하는 방안을 고려해야 할 것이다.

지속가능한 기술혁신의 관건인 특허 제도는 연구개발에서 특허의 보호와 활용이라는 넓은 스펙트럼에 걸쳐 있다. 여기서 가장 주목해야 할 인적 자원은 변리사다. 변리사는 연구개발의 성과를 제일 먼저 접하는 전문가이며 연구성과의 미흡함도 가장 잘 알고 있다. 또 그 성과를 좋은 특허로 연결하기 위해 보완되어야 하는 부분에 대해서도 솔루션을 제시할 수 있다.

특허의 보호와 활용에서 특허가치평가가 제 역할을 못함으로 발생하는 리스크에 대해서도 누구보다 잘 안다. 특허가치가 잘못되었을 때 발생하는 연쇄적 악순환 고리를 매일 목격하기 때문이다. 우리나라의 연구개발 투자가 헛되고, 기술무역수지가 적자의 늪에서 벗어나지 못하고, 기술종속이 심하고, 경제가 저성장의 늪에서 허덕이고 있고 하는 모든 암울한 현상의 기저에 특허 제도의 실제적 부재가 있음을 통찰할 수 있는 유일한 전문가가 변리사이다.

변리사가 잘나서가 아니다. 업무상 자연히 목격하고 깨달을 수밖에 없으며 정책의 개선에 대해 조언할 수 있게 된다. 따라서 선진국에서는 변리사를 국가 최고의 자격사로 대우하고 기술의 전 주기에서 변리사의 전문성을 더욱 효과적으로 활용하기 위해 골몰한다.

그러나 우리는 1961년 법으로 변리사의 역할을 묶어두고 정부의 관련 부처는 섹셔널리즘으로 인해 이 법을 개정하는 데 반대하고 있다. 변리사를 감독하는 특허청부터가 변리사를 폭넓게 활용하는 것을 금기시하는 것은 아닌지 의구심이 들 정도다. 정책이나 사업에 있어서 변리사를 배제하고 다른 비전문가를 찾는데 열을 올리고 있으며 변리사는 출원업무 대리만 하라고 한다.

기득권과 이해관계의 장벽에 갇혀 특허 제도와 변리사제도가 1960년대의 모습으로 박제된 나라, 이것이 4차 산업혁명 시대를 살아가는 우리나라의 모습이다. 기득권과 정부 부처 간의 이전투구의 장에서 정책을 선별하는 힘, 지도자의 기술패권의지밖에 답이 없다.

기술혁신이 만드는 미래와 지도자의 통찰력

속성의 눈부신 경제성장이 앞으로 지속가능하지 않다는 것은 우리에게 공포로 다가온다. 이 부유함이 오래가지 않을 것이라는 두려움은 유쾌한 경험이 아니다.

2019년 일본의 수출규제 사태는 오랜만에 우리에게 독립과 결속의 힘을 선사했다. 소 잃고 외양간 고친다고 하지만, 사후 약방문이라도 제대로 해낸다면 우리는 미래를 꿈꿀 수 있다. 빨리빨리하는 것은 이미 지난 과거의 경험으로도 충분하다. 이제는 정확히 문제를 진단하고 근본적 해결을 향해 시간과 공을 들이는 일, 이것이 필요한 시점이다.

기술혁신은 생산과 소비의 증대를 가져오고 경제성장을 이루게 한다. 자유롭고 무한한 공정경쟁을 가능하게 하고 사람들의 창의와 발상을 자극한다. 내가 가진 게 없더라도 노력만 하면 꿈을 펼칠 수 있고 그에 상응하는 보상도 향유할 수 있는 공정한 경쟁이 사회를 지배하는 시스템이 될 수 있다. 꿈을 추구하면 경제가 자연히 따라오는 선순환구조 속에 인간은 존엄하고 진정한 행복을 누리고 살 수 있다.

노력에 따라 보상받는 사회, 상대를 파괴하는 게 아니라 상대와 협업하여 상생하는 사회, 이것이 기술혁신이 꿈꾸는 사회일 것이다. 지속가능한 기술혁신을 위해서는 발명에 대한 보상과 공정한 이용을 그 철학으로 하는 특허 제도가 중요함을 다루어 봤다.

특허 제도는 어느 한 측의 익을 극대화하는 독점을 위한 것이 아니다. 노력한 발명가에게 독점이라는 적당한 보상을 주어 지속적인 연구를 가능하게 하고 발명기술은 후발주자들이 공정하게 활용하여 개량함으로써 제2, 제3의 기술혁신이 일어날 수 있게 하는 것이다. 불만의 총합을 최소화하면서 창의와 혁신을 촉진하고 지속가능한 기술혁신을 이루기 위한 것이 특허 제도이다.

특허 제도가 지도자의 국가비전을 실행하기 위한 최적의 수단임을 인식할 때 비로소 선진국의 문턱을 넘을 준비가 되었다고 볼 수 있다.

특허 제도와
지식재산활동

미국의 "에브러험 링컨" 대통령은 특허의 가치를 미국번영의 기초로 이해하고 "특허 제도는 천재라는 불꽃에 이익이라는 기름을 붓는 것이다"라고 갈파한 바 있다.

미국은 특허 제도를 헌법에 명시하면서까지 특허 제도를 산업화정책의 중심에 두었고, 이를 통하여 기술개발을 촉진하고 산업발전에 성공한 대표적인 나라가 되었다. 미국은 1787년 독립과 함께 제정한 연방헌법에서 "저작자와 발명가에게 각자의 저작과 발명에 관한 독점권을 일정 기간 동안 보장함으로써 과학 및 유용한 기술의 발전을 촉진한다."고 규정하여 헌법에서 발명가의 발명에 대하여 독점권을 부여하여 보호하도록 천명하였다.

우리나라는 헌법 제22조 제2항에서 "저작자·발명가·과학기술자와 예술가의 권리는 법률로써 보호한다."고 명시하였다. 이에 따라 특허법이 제정되었으며 특허 제도는 산업발전과 기술발전을 목적으로 정하고, 발명의 보호·장려·이용을 수단으로 정하고 있다.

구체적으로 현행 특허 제도는 발명을 보호·장려함으로써 국가산업의 발전을 도모하기 위한 제도로서(특허법 제1조) 이를 달성하기 위하여 "기술공개의 대가로 특허권을 부여"하는 것을 구체적인 수단으로 채택하고 있다. 사실상 모방을 장려하고 모방을 통해 기술발전과 산업발전을 촉진하려는 의도가 담겨 있는 제도인 셈이다.

특허 제도는 지식재산활동을 촉진함으로써 기술혁신을 이루도록 한다. 지식재산활동의 특성을 살펴봄으로써 이 활동이 우리 사회와 경제에 미칠 영향을 살펴보자

첫째 지식재산활동은 비경쟁적이다. 한정적 자원에 대한 사회적 이해관계의 조율 대상이 아니므로 국가적 결단에 의해 조속한 실현이 가능하다. 둘째 전문가가 주도한다. 전문가 확보 및 전문성 강화 노력만으로 활성화가 보장된다. 셋째 근본적 처방의 특성이 있다. 활동결과가 상품, 서비스 자체의 가치를 상승시킴으로써, 소비수요를 창출하고 매출을 증대시키기 때문에 혁신성장의 근본적 처방이라 할 수 있다.

지식재산은 브랜드, 기술력, 디자인 등과 같이 기업이 판매하는 상품이나 서비스에 화체되어 제품 경쟁력을 향상시키는 연구개발 결과물로서, 양질의 지식재산은 소비수요를 창출한다.

기업에서 연구개발의 성과로 창출한 지식재산은 특허권, 상표권, 디자인권 등의 지식재산권으로 권리화해야만 한정적 기간 동안 독점실시권을 통해 시장 지배력을 가질 수 있다. 이때, 지식재

지식재산활동의 연쇄 효과

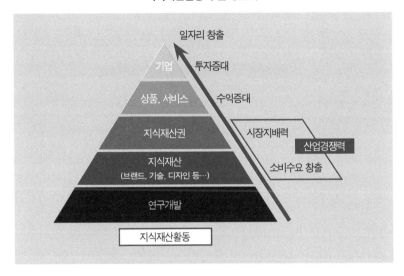

우리 주변에서 볼 수 있는 지식재산활동 사례

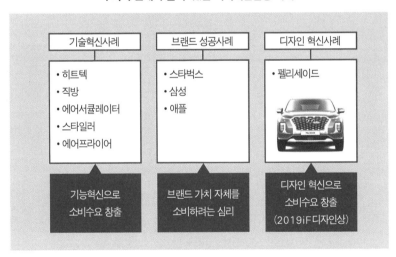

산권의 품질력이 시장지배력을 좌우한다고 할 수 있다.

기업이 상품과 서비스의 경쟁력으로 수요를 창출하고 시장지배

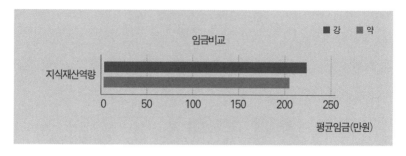

지식재산역량에 따른 임금 차이

력을 갖고 있을 때 산업경쟁력을 확보하였다고 할 수 있다. 지식재산이 기업에게 수익을 가져다주기 위해선 지식재산권 품질력이 그 전제가 되며, 품질력이 잘 작동하여 기업이 지식재산 활동에 대한 신뢰가 생기면, 기업의 수익이 지식재산 활동으로 재투자되는 선순환 고리가 형성되고 그때 비로소 혁신성장이 가능하다.

지식재산은 기업의 경쟁력과 고용안정을 강화시키는 것으로 나타나고 있다. 기업 내에서 특허 및 실용신안권의 등록건수가 증가할수록 매출 및 고용에 긍정적인 영향을 미치는 것으로 나타나고 있다. 지식재산 역량이 강한 기업일수록 그렇지 않은 기업에 비해 정규직 비중이 높아 고용 안정성이 상대적으로 높으며 임금도 8.8% 높은 것으로 나타나고 있다. 국내 지식재산 산업에서의 고용 창출은 259만 명(우리나라 경제 전체 총 고용의 14.7%), 부가가치 창출은 354.1조 원(GDP의 33.8%)을 차지할 만큼 중요하다.

지식재산은 글로벌 경제에서도 기업과 국가의 경쟁력을 좌우한다. 세계 지식재산 사용료 시장은 연간 390조 원 규모이고(2016, 세계은행), 지식재산 집약산업 성장으로 일자리 창출이 증가하고 있다. 미국을 예로 들면 2014년 미 상무부 집계에 의하면 지식재산으로 인한 일자리 창출은 2,790만 개에 이른다.

지식재산을 전략적으로 활용하는 유니콘 기업[37]이 매년 증가하고 있고 국가의 혁신성장을 주도하고 있다. 유니콘 기업은 기업가치 10억 달러 이상인 비상장 기업을 가리킨다. 유니콘 기업 수(평균 기업가치)는 2014년 45개(27억 달러)에서 2016년 147개(40.7억 달러)로 증가하였다('17년, CB Insights).

조안 페레멘사 외 2인, 하버드비즈니스스쿨 논문[38] 「특허의 가치는 무엇인가?」에서는 "신생기업이 특허를 획득함으로 인하여 5년간 평균 54.5%의 고용성장을 가져왔으며, 79.5%의 높은 매출 성장률을 가져왔다."고 기술한다.

요컨대 지식재산활동의 핵심은 지식재산권 품질력 강화이고, 기업들이 R&D를 통해 좋은 품질의 지식재산권을 확보할 수 있도록 돕는 것이 산업경쟁력 확보의 근본적 처방이라 할 수 있는 것이다.

---

37 기업가치가 10억 달러(약 1조 원)를 넘는 비상장기업.

38 Joan Farre-Mensa, Deepak Hegde, Alexander Ljungqvist, *What is a Patent Worth? Evidence from the U.S. Patent 'Lottery'*, USPTO Economic Working Paper 2015-5, 15, Mar 2017.

혁신성장의
기대효과

현시기 한국경제는 세계 경기 둔화, 국내 주력산업 경쟁력 약화 등
으로 기업의 수익성이 둔화되면서 투자가 위축되어 일자리가 줄
어드는 악순환의 고리 속에 묶여 있다. 혁신성장은 산업경쟁력을
바탕으로 기업의 수익성이 향상되고 이것이 투자로 연결되어 다
시 산업경쟁력 향상이라는 선순환의 고리를 형성할 때 비로소 가
능하다. 혁신성장과 일자리 창출을 위해서는 성장잠재력인 산업경
쟁력을 높일 수 있는 대책이 요구된다.

 기술혁신을 통한 산업경쟁력 확보의 선순환고리 형성, 이를 저
해하는 각종 구시대 법제의 개혁, 이것이 가능하기 위해서는 지도
자의 기술패권의지가 주요하다. 그렇지 않으면 현실 속의 이해관
계 속에서 어느 일 당사자가 주도하는 개혁은 표류할 수밖에 없다.

 우선적으로 미국과 같은 민간전문가 출신의 지식재산정책집행
관이 우리나라 청와대에도 생겨 국가 지식재산 정책을 방향을 수

기업의 투자 – 산업경쟁력 – 기업의 수익성 간의 순환고리

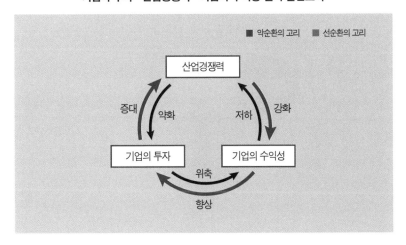

혁신성장으로 가는 경로

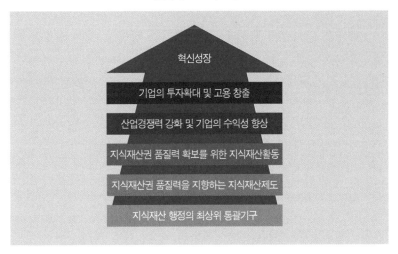

립하고 지식재산 행정의 최상위 통괄기구가 마련된다면, 지식재산권 품질을 지향하는 강력하고 조화로운 지식재산 행정을 펼칠 수 있다.

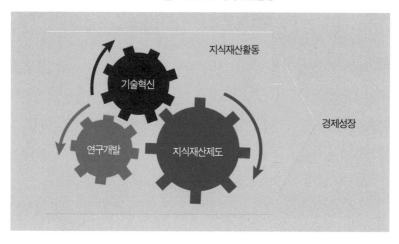

경제성장을 매개하는 지식재산활동

지속가능한 기술혁신을 위한 거버넌스 체계 개편이 시급하다. 지식재산권 품질력은 특허권 등의 권리가 강하고 약한 정도를 의미하며, 제3자가 유사제품을 만들고자 할 때 해당 특허권의 권리 범위를 피하여 설계하기 어려우면 지식재산권의 품질력이 높다고 할 수 있다. 거버넌스 체계가 정비되면, 지식재산권 품질력을 지향하는 지식재산제도가 마련될 수 있다. 이러한 강력한 지식재산제도를 토대로 좋은 품질의 특허 확보를 위한 지식재산활동이 펼쳐질 수 있다.

지식재산활동은 R&D, 지식재산권 창출·보호·활용 등 지식재산 전주기에 걸친 활동으로서, 지식재산권의 품질력이 그 성패를 좌우한다. 지식재산권 창출은 R&D 결과물에 특허권 등의 독점적 실시권을 확보하여 시장 지배력을 향상시키는 활동으로서, 좋은 품질의 지식재산권은 R&D를 촉진하는 인센티브가 된다.

지식재산권 품질을 지향하는 지식재산 활동 결과, 기업의 시장 지배력이 강화되고 비로소 수익성이 향상되어 지식재산 활동에 대한 기업의 신뢰가 형성될 수 있다. 기업의 신뢰는 지식재산 활동에 대한 재투자 및 고용창출로 이어지는 선순환의 고리를 창출하고, 이러한 과정을 통해 혁신성장이 실현된다.

　혁신성장은 지속가능한 기술혁신에 의한 경제성장이다. 지속가능한 기술혁신을 위해 지도자의 기술패권의지와 특허 제도로 대표되는 지식재산제도의 혁신이 필요하다. 우리 경제에서 그동안 주목받지 못했던 기술패권 의지와 특허 제도, 이 미씽링크(Missing Link)가 문제의 원인이자 해결책이다.

참 고 문 헌

정부 자료

과학기술관계장관회의, 「대학공공연 특허활용 혁신방안(안)」, 2019.1.8.

과학기술정보통신부, 『한눈에 보는 2019년 정부 R&D』, 2019.

과학기술정보통신부·한국과학기술기획평가원, 『2019 주요 과학기술통계 100선』, 2019.7.

과학기술정보통신부·한국과학기술기획평가원, 『과학기술 & ICT 정책·기술 동향』 134호, 2019. 1.

국가지식재산위원회·관계부처합동, 「고품질 지식재산(IP) 창출을 위한 IP-R&D 실행방안」, 2018.3.9.

국가지식재산위원회, 「중국 지식재산권 환경 변화 및 대응 방향」, 2015.7.

대한민국 정부, 『국가지식재산위원회 연차보고서 2018』, 2019.

특허청, 「혁신성장을 위한 국가 특허 경쟁력 강화 방안(안)」, 2018.3.9.

특허청, 『2018 지식재산백서』, 특허청, 2019.

특허청, 『지식재산통계 FOCUS』 2019-상, 특허청, 2019.

특허청·한국특허전략개발원, 『2017년도 정부 R&D 특허성과 조사·분석보고서』, 2018.12.

특허청·한국지식재산보호협회, 『해외지식재산권 보호가이드북 (독일)』, 2009.

한국과학기술기획평가원, 「국가지식재산위원회 운영 및 업무체계 개선방안 연구」, 국가지식재산위원회, 2013.12.

한국과학기술기획평가원, 「국가지식재산위원회 운영 및 업무체계 개선방안 연구」, 국가지식재산위원회, 2013.12.

한국노동연구원, 『지식재산의 고용창출 효과분석과 정책방향 연구』, 국가지식재산위원회, 2012.12.

한국은행, 「2018년중 지식재산권 무역수지(잠정)」, 2019.3.21.

한국지식재산연구원, 「국내외 지식재산 법·제도 연구」, 특허청·한국지식재산연구원, 2018.12.

한국지식재산연구원, 『국내외 지식재산 법·제도 연구 – 특허법』, 특허청·한국지식재산연
구원, 2018.12.31.

한국특허전략개발원, 『2017년도 정부 R&D 특허성과 조사·분석 보고서』, 특허청·한국특허
전략개발원, 2018.12.

일본 지적재산전략본부, 「일본 지적재산전략비전(Ⅰ)」, National IP Policy 2018-16, 한국
지식재산연구원.

일본 지적재산전략본부, 「일본 지적재산전략비전(Ⅱ)」, National IP Policy 2018-17, 한국
지식재산연구원.

일본 지적재산전략본부, 「지적재산추진계획 2019(Ⅰ)」, National IP Policy 2019-12, 한국
지식재산연구원.

일본 지적재산전략본부, 「지적재산추진계획 2019(Ⅱ)」, National IP Policy 2019-12, 한국
지식재산연구원.

일반 저작물

김성중·이헌희, 「미중 무역분쟁과 우리나라에 있어 시사점 – 지식재산권을 중심으로」, 이
슈페이퍼 2018-8호, 한국지식재산연구원, 2018.12.28.

김영환, 「변리사법 제2조 제3조에 대한 헌법적 분석」, 『유럽헌법연구』 제10호, 2011.12.

김철회·박경순, 「지식재산입국을 위한 지식재산정책의 거버넌스체계에 관한 연구」, 대한변
리사회, 2019.12.

대한변리사회, 『국유특허 출원시 적정 대리인 비용 산정에 관한 연구』, 대한변리사회, 2018.

박진석, 「영국변리사의 소송대리권 범위에 대한 연구」, 대한변리사회, 2017.

박진환(주벨기에 유럽연합 대사관 특허관), 「EU 지식재산권 정책 동향」, 2018.5.

서세욱·성지은, 『저성장에 대응하는 일본의 과학기술혁신정책 변화와 정책적 시사점』, 동향
과 이슈 제19호, 과학기술정책연구원, 2015.2.16

서지영·김인권, 『중국특허법』, 한국특허아카데미, 2006.

소준섭, 「중국과 홍콩, 타이완 간 지적재산권제도 교류, 그리고 남북 지적재산권 교류협력
에 대한 함의」, 남북한지식재산제도 교류협력을 위한 심포지움, 대한변리사회,
2018.9.3.

소지황(小池晃), 『일본 지적재산전략대강과 지적재산기본법』, 대한변리사회역, 2003.

신지연, 「일본·중국·독일·영국·미국 5개국 변리사 관련 주요 제도 조사보고서」, 『지식과
권리』 21호, 대한변리사회, 2018.

심현주, 「일본 지적재산전략비전 및 지적재산추진계획 2019의 주요내용과 시사점」, 『심층분석보고서』 2019-16호, 한국지식재산연구원, 2019.

야쿠시지 타이조, 『테크노 헤게모니』, 겸지사, 2002.

이진수, 「출원품질 향상을 위한 제언」, 『특허품질 수호 선언대회 자료집』(국회의원 우원식, 대한변리사회 공동주최) 주제발표 2, 2018.12.10.

이해영, 『미국 특허법』, 한빛지적소유권센터, 2012.

정극원, 「헌법재판소 결정으로 본 4차 산업혁명시대의 사법권과 입법권의 경계에 관하여」, 『특허소송과 소비자주권』(대한변리사회와 국회의원 이원욱, 주광덕, 김병관 등 공동주최 토크콘서트 자료집), 대한변리사회, 2018. 11.

정기대, 「중국 내 지식재산권 보호 방안」, POSRI 보고서, 포스코경영연구원. 2015.12.9.

한국무역협회 베이징지부, 「중국 지식재산권 정책 동향 및 시사점」, KITA Market Report, 한국무역협회, 2019.4.

CCTV 다큐멘터리 대국굴기 제작진, 『대국굴기, 미국-강대국의 조건』, 안그라픽스, 2007.

저자 기고문

오세중, "남북 지재권 교류, 더 시간 끌다간 늦는다"(대담), 뉴스토마토 2018.10.11.

_____ , "턱없이 낮은 특허 출원 수수료, 국내 특허의 질 하락 불러왔다", 한국경제, 2018.12.23.

_____ , "중국의 지재권 굴기", 매일경제, 2019.1.7.

_____ , "좋은 발명도 꿰어야 보배", 매일경제, 2019.1.15.

_____ , "변호사의 변리사 자동자격 불합리한 제도 없앨 것", 디지털타임스, 2019.1.20.

_____ , "확실한 보상이 혁신 원동력", 매일경제, 2019.1.23.

_____ , "특허품질 강화의 첫걸음", 매일경제, 2019.1.31.

_____ , "싼 게 비지떡", 매일경제, 2019.2.12.

_____ , "특허 제도와 식민잔재", 매일경제, 2019.2.20.

_____ , "남북지재권교류 시급하다", 매일경제, 2019.2.28.

_____ , "특허 품질향상 시급…컨트롤타워 세워야", 매경이코노미, 2019.5.27.

_____ , "특허 징벌적 손해배상, 재판의 전문성 확보해야", 한국경제, 2019.7.10.

_____ , "소탐대실 우려되는 지식재산 정책", 매일경제, 2019.7.11.

_____ , "강한 지식재산 거버넌스가 필요하다", 매일경제 2019.9.5.

_____ , "기술 국산화, 특허 없이는 사상누각", 내일신문, 2019.9.27.

지식재산 기본법

[법률 제10629호, 2011.5.19., 제정]
[시행 2018. 6. 20.] [법률 제15245호, 2017. 12. 19., 일부개정]

제1장 총칙

제1조(목적) 이 법은 지식재산의 창출·보호 및 활용을 촉진하고 그 기반을 조성하기 위한
정부의 기본 정책과 추진 체계를 마련하여 우리 사회에서 지식재산의 가치가 최대한 발
휘될 수 있도록 함으로써 국가의 경제·사회 및 문화 등의 발전과 국민의 삶의 질 향상에
이바지하는 것을 목적으로 한다.

제2조(기본이념) 정부는 지식재산 관련 정책을 다음 각 호의 기본이념에 따라 추진하여야
한다.

1. 저작자, 발명가, 과학기술자 및 예술가 등 지식재산 창출자가 창의적이고 안정적으로
활동할 수 있도록 함으로써 우수한 지식재산의 창출을 촉진한다.

2. 지식재산을 효과적이고 안정적으로 보호하고, 그 활용을 촉진하는 동시에 합리적이고
공정한 이용을 도모한다.

3. 지식재산이 존중되는 사회환경을 조성하고 전문인력과 관련 산업을 육성함으로써 지
식재산의 창출·보호 및 활용을 촉진하기 위한 기반을 마련한다.

4. 지식재산에 관한 국내규범과 국제규범 간의 조화를 도모하고 개발도상국의 지식재산
역량 강화를 지원함으로써 국제사회의 공동 발전에 기여한다.

제3조(정의) 이 법에서 사용하는 용어의 뜻은 다음과 같다.

1. "지식재산"이란 인간의 창조적 활동 또는 경험 등에 의하여 창출되거나 발견된 지식·
정보·기술, 사상이나 감정의 표현, 영업이나 물건의 표시, 생물의 품종이나 유전자원

(遺傳資源), 그 밖에 무형적인 것으로서 재산적 가치가 실현될 수 있는 것을 말한다.

2. "신지식재산"이란 경제·사회 또는 문화의 변화나 과학기술의 발전에 따라 새로운 분야에서 출현하는 지식재산을 말한다.

3. "지식재산권"이란 법령 또는 조약 등에 따라 인정되거나 보호되는 지식재산에 관한 권리를 말한다.

4. "공공연구기관"이란 다음 각 목의 어느 하나에 해당하는 기관을 말한다.

　가. 국가 또는 지방자치단체가 직접 설립·운영하는 연구기관

　나. 「고등교육법」제2조에 따른 학교

　다. 「정부출연연구기관 등의 설립·운영 및 육성에 관한 법률」제2조에 따른 정부출연연구기관

　라. 「과학기술분야 정부출연연구기관 등의 설립·운영 및 육성에 관한 법률」제2조에 따른 과학기술분야 정부출연연구기관

　마. 「지방자치단체출연 연구원의 설립 및 운영에 관한 법률」제2조에 따른 지방자치단체출연연구원

　바. 「특정연구기관 육성법」제2조에 따른 특정연구기관

　사. 「산업기술혁신 촉진법」제42조에 따른 전문생산기술연구소

　아. 「공익법인의 설립·운영에 관한 법률」제2조에 따른 공익법인 중 지식재산의 창출이나 활용과 관련된 업무를 수행하는 기관

　자. 「공공기관의 운영에 관한 법률」제4조에 따라 공공기관으로 지정된 기관 중 지식재산의 창출이나 활용과 관련된 업무를 수행하는 기관

5. "사업자등"이란 공공연구기관 외의 자로서 지식재산과 관련된 사업을 하거나 연구·지원 등의 업무를 수행하는 자를 말한다.

제4조(국가 등의 책무) ① 국가는 이 법의 목적과 기본이념에 따라 지식재산의 창출·보호 및 활용을 촉진하고 그 기반을 조성하기 위한 종합적인 시책을 마련하여 추진하여야 한다.

② 지방자치단체는 제1항에 따른 국가의 시책과 지역적 특성을 고려하여 지역별 지식재산 시책을 마련하여 추진하여야 한다.

③ 공공연구기관과 사업자등은 우수한 지식재산의 창출과 적극적인 활용 및 소속 연구자와 창작자의 처우 개선을 위하여 노력하여야 하며, 그 성과에 대한 정당한 보상이 이루어지도록 하여야 한다.

④ 국가, 지방자치단체, 공공연구기관 및 사업자등은 지식재산의 창출·보호 및 활용 촉

진과 그 기반 조성을 위한 정부의 시책이 효과적으로 추진될 수 있도록 서로 협력하여
야 한다.

제5조(다른 법률과의 관계) ① 지식재산과 관련되는 다른 법률을 제정하거나 개정하는 경우
에는 이 법의 목적과 기본이념에 맞도록 하여야 한다.

② 지식재산 정책의 추진에 관하여 다른 법률에 특별한 규정이 있는 경우를 제외하고는
이 법에서 정하는 바에 따른다.

제2장 지식재산 정책의 수립 및 추진 체계

제6조(국가지식재산위원회의 설치 및 기능) ① 지식재산에 관한 정부의 주요 정책과 계획을
심의·조정하고 그 추진상황을 점검·평가하기 위하여 대통령 소속으로 국가지식재산위
원회(이하 "위원회"라 한다)를 둔다.

② 위원회는 다음 각 호의 사항을 심의·조정한다.

1. 제8조에 따른 국가지식재산 기본계획 및 제9조에 따른 국가지식재산 시행계획의 수
   립·변경에 관한 사항

2. 제10조에 따른 기본계획 및 시행계획의 추진상황에 대한 점검·평가에 관한 사항

3. 지식재산 관련 재원의 배분방향 및 효율적 운용에 관한 사항

4. 이 법에 따른 지식재산의 창출·보호 및 활용 촉진과 그 기반 조성을 위한 시책에 관한
   사항

5. 그 밖에 지식재산의 창출·보호 및 활용 촉진과 그 기반 조성을 위하여 위원장이 필요
   하다고 인정하거나 관계 중앙행정기관의 장 또는 특별시장·광역시장·도지사·특별
   자치도지사(이하 "시·도지사"라 한다)가 요청하는 사항

③ 위원회는 위원회가 심의·조정하려는 사항이 다른 법률에 따라 수립된 정책이나 계획
과 관련된 경우에는 미리 해당 정책이나 계획을 주관하는 기관과 협의하여야 한다.

제7조(국가지식재산위원회의 구성 및 운영) ① 위원회는 위원장 2명을 포함한 40명 이내의
위원으로 구성한다.

② 위원장은 국무총리와 제3항제2호의 위원 중에서 대통령이 지명하는 사람이 된다.

③ 위원은 다음 각 호의 사람이 된다.

1. 관계 중앙행정기관의 장 및 정무직 공무원 중에서 대통령령으로 정하는 사람

2. 지식재산에 관한 학식과 경험이 풍부한 사람 중에서 대통령이 위촉하는 사람

④ 제3항제2호의 위원의 임기는 2년으로 하며, 한 차례만 연임할 수 있다. 다만, 위원의

사임 등으로 새로 위촉된 위원의 임기는 전임(前任)위원 임기의 남은 기간으로 한다.

⑤ 위원장은 각자 위원회를 대표하며, 국무총리인 위원장은 위원회의 회의를 소집하고 그 의장이 되며, 국무총리인 위원장이 부득이한 사유로 직무를 수행할 수 없을 때는 제2항에 따라 대통령이 지명한 위원장이 그 직무를 대행한다.

⑥ 위원회의 업무를 효율적으로 수행하기 위하여 위원회에 분야별 전문위원회를 둘 수 있다.

⑦ 그 밖에 위원회와 전문위원회의 구성 및 운영에 필요한 사항은 대통령령으로 정한다.

제8조(국가지식재산 기본계획의 수립) ① 정부는 이 법의 목적을 효율적으로 달성하기 위하여 5년마다 지식재산에 관한 중장기 정책 목표 및 기본방향을 정하는 국가지식재산 기본계획(이하 "기본계획"이라 한다)을 수립하여야 한다.

② 정부는 기본계획을 수립하거나 변경하려는 경우에는 위원회의 심의를 거쳐 확정하고, 지체 없이 이를 공고하여야 한다. 다만, 대통령령으로 정하는 경미한 사항을 변경하려는 경우에는 그러하지 아니하다.

③ 기본계획에는 다음 각 호의 사항이 포함되어야 한다.

1. 지식재산 정책의 목표와 기본방향

2. 지식재산 및 신지식재산의 창출·보호 및 활용 전략

3. 산업계, 학계, 연구계, 문화예술계 등의 지식재산 창출역량 강화 방안

4. 외국에서의 대한민국 국민(국내법에 따라 설립된 법인·단체를 포함한다. 이하 같다)의 지식재산 보호에 관한 사항

5. 지식재산 침해행위로 인한 국민의 안전 등에 대한 위해(危害) 방지 방안

6. 지식재산의 공정한 이용 방안

7. 지식재산 친화적 사회환경 조성에 관한 사항

8. 지식재산의 국제표준화에 관한 사항

9. 지식재산 관련 정보의 수집·분석 및 제공에 관한 사항

10. 중소기업, 농어업인 등의 지식재산 역량 강화 방안

11. 경제적·사회적 소외 계층의 지식재산 접근 지원에 관한 사항

12. 지식재산 전문인력의 양성 방안

13. 지식재산 관련 제도의 국제화 방안

14. 지식재산 정책의 추진을 위한 정부예산 투입 계획

15. 지식재산 관련 문화·교육·금융 제도 등의 개선을 위한 법령 정비 계획

16. 그 밖에 지식재산의 창출·보호 및 활용 촉진과 그 기반 조성에 필요한 사항

④ 기본계획의 수립과 변경에 관한 세부 절차는 대통령령으로 정한다.

제9조(국가지식재산 시행계획의 수립) ① 정부는 관계 중앙행정기관의 장과 시·도지사로부터 제8조의 기본계획에 따른 추진계획을 제출받아 매년 국가지식재산 시행계획(이하 "시행계획"이라 한다)을 수립하여야 한다.

② 정부는 시행계획을 수립하거나 변경하려는 경우에는 위원회의 심의를 거쳐 확정한다. 다만, 대통령령으로 정하는 경미한 사항을 변경하려는 경우에는 그러하지 아니하다.

③ 시행계획의 수립과 변경에 관한 세부 절차는 대통령령으로 정한다.

제10조(추진상황의 점검 및 평가) ① 위원회는 기본계획과 시행계획의 추진상황을 점검·평가하여야 한다.

② 위원회는 기본계획과 시행계획의 원활한 추진을 위하여 필요한 경우에는 관계 중앙행정기관의 장이나 시·도지사에게 제1항에 따른 점검·평가 결과를 반영한 개선의견을 통보할 수 있다.

③ 제2항에 따라 개선의견을 통보받은 관계 중앙행정기관의 장이나 시·도지사는 그 개선에 필요한 계획을 수립하여 위원회에 제출하여야 하며, 위원회는 해당 기관이 제출한 계획의 이행 상황을 점검하여야 한다.

④ 그 밖에 기본계획 및 시행계획의 추진상황을 점검·평가하기 위하여 필요한 사항은 대통령령으로 정한다.

제11조(국가지식재산위원회의 사무기구) ① 위원회의 업무를 지원하기 위하여 위원회에 사무기구를 둘 수 있다.

② 위원회는 위원회의 업무를 효율적으로 수행하기 위하여 필요한 경우에는 중앙행정기관, 지방자치단체, 그 밖의 관계 기관·단체 등의 장에게 그 소속 공무원 또는 임직원의 파견 또는 겸임을 요청할 수 있다.

③ 제1항에 따른 사무기구의 구성 및 운영에 필요한 사항은 대통령령으로 정한다.

제12조(지식재산정책책임관의 지정) 관계 중앙행정기관의 장과 시·도지사는 해당 기관의 지식재산 정책을 효율적으로 수립·시행하기 위하여 소속 공무원 중에서 지식재산정책책임관을 지정할 수 있다.

제13조(관계 법령의 제정·개정 등의 통보) ① 중앙행정기관의 장과 시·도지사는 지식재산과 관계된 법령 및 조례를 제정 또는 개정하려거나, 주요 정책 및 계획(이하 이 조에서 "주요 정책등"이라 한다)을 수립 또는 변경하려는 경우에는 위원회에 그 내용을 통보하여야 한

다.

② 위원회는 제1항에 따라 통보받은 법령, 조례 또는 주요정책등에 대하여 의견을 제시
할 수 있으며, 중앙행정기관의 장이나 시·도지사는 위원회의 의견이 반영될 수 있도
록 노력하여야 한다.

③ 제1항의 통보 및 제2항의 의견 제시에 관한 세부 절차는 대통령령으로 정한다.

제14조(관계 기관 등에 대한 협조 요청) 위원회는 위원회의 업무 수행을 위하여 필요한 경우
에는 중앙행정기관, 지방자치단체, 그 밖의 관계 기관·단체나 전문가에게 자료 또는 의견
의 제출을 요청하거나 조사 또는 연구를 의뢰할 수 있다. 이 경우 위원회는 예산의 범위에
서 필요한 경비를 지급할 수 있다.

제15조(연차보고서) ① 정부는 매 회계연도 경과 후 3개월 이내에 해당 회계연도의 시행계
획 추진실적에 대한 연차보고서를 작성하여 국회에 제출하여야 한다.

② 제1항에 따른 연차보고서의 작성 등에 필요한 사항은 대통령령으로 정한다.

제3장 지식재산의 창출·보호 및 활용의 촉진
제1절 지식재산의 창출 촉진
제16조(지식재산의 창출 촉진) 정부는 우수한 지식재산의 창출을 촉진하기 위하여 다음 각
호의 사항을 포함하는 시책을 마련하여 추진하여야 한다.

1. 지식재산 관련 통계 및 지표의 조사·분석

2. 미래 지식재산의 발전 추세 및 관련 산업·시장에 대한 전망

3. 공공연구기관 및 사업자등의 지식재산 역량을 강화하기 위한 지원

4. 연구자, 창작자 및 지식재산 관리자의 역량을 강화하기 위한 교육

5. 우수한 지식재산의 창출을 촉진하기 위한 법·제도 개선

6. 공공연구기관 및 사업자등의 국내외 공동연구개발 활성화 지원

7. 그 밖에 우수한 지식재산의 창출을 촉진하기 위하여 필요한 사항

제17조(연구개발과 지식재산 창출의 연계) ① 정부는 연구개발 결과가 우수한 지식재산의 창
출로 이어질 수 있도록 지원하여야 한다.

② 정부는 연구개발의 기획, 관리, 평가 등의 전 과정에서 관련 지식재산 정보가 활용될
수 있도록 지원하여야 한다.

③ 정부는 연구개발에 대한 평가가 지식재산 창출 성과를 기준으로 이루어질 수 있도록
필요한 조치를 하여야 한다.

제18조(신지식재산 창출 등 지원) ① 정부는 신지식재산의 창출·보호 및 활용을 촉진하여야

한다.

② 정부는 신지식재산의 창출·보호 및 활용 촉진을 위하여 신지식재산의 현황을 조사·분석하여야 한다.

③ 정부는 신지식재산이 적절히 보호될 수 있도록 관계 법령을 정비하고, 이와 관련된 기술적 보호수단의 개발과 이용 활성화를 위한 지원 등 필요한 조치를 하여야 한다.

제19조(지식재산 창출자에 대한 보상) 정부는 지식재산을 창출한 개인이 정당한 보상을 받을 수 있는 사회적 환경과 기반을 마련하고, 이에 필요한 시책을 수립하여야 한다.

제2절 지식재산의 보호 강화

제20조(지식재산의 권리화 및 보호 촉진) 정부는 지식재산이 신속·정확하게 권리로 확정되고 효과적으로 보호될 수 있도록 다음 각 호의 사항을 포함하는 시책을 마련하여 추진하여야 한다.

1. 지식재산의 심사·심판·등록 체계 등의 정비 방안

2. 지식재산의 보호를 위한 법적·행정적 조치 강화 방안

3. 지식재산의 보호를 위한 보안 체계와 정보시스템 구축 등 기술적 조치 강화 방안

4. 국내외 지식재산 보호 관계 기관·단체와의 협력 방안

5. 지식재산의 권리화 및 보호 관련 전문인력 확보 방안

6. 그 밖에 지식재산의 권리화 및 보호 촉진을 위하여 필요한 사항

제21조(소송 체계의 정비 등) ① 정부는 지식재산 관련 분쟁이 신속하고 공정하게 해결되어 권리 구제가 충실히 이루어질 수 있도록 소송 절차를 간소화하는 등 제도 개선에 노력하여야 한다.

② 정부는 지식재산 관련 분쟁해결의 전문성을 확보하기 위하여 소송 체계를 정비하고 관련 인력의 전문성을 강화하여야 한다.

제22조(재판 외 분쟁해결 절차 활성화) 정부는 지식재산 관련 분쟁이 신속하고 원만하게 해결될 수 있도록 조정·중재 등 재판 외의 간단하고 편리한 분쟁해결 절차를 활성화하고, 전문성을 제고하며, 쉽게 이용될 수 있도록 안내와 홍보를 강화하는 등 필요한 조치를 하여야 한다.

제23조(지식재산권 침해행위에 대한 대응) ① 정부는 지식재산권을 침해하는 행위에 대한 단속, 점검 등 집행 활동을 강화하기 위하여 다음 각 호의 사항을 포함하는 대응방안을 마련하여 추진하여야 한다.

1. 지식재산 불법 유출과 지식재산권 침해를 방지하기 위한 방안

2. 지식재산권 침해 물품을 제조·유통 또는 수출입하는 행위를 근절하기 위한 방안

3. 지식재산권 침해를 방지하기 위한 관계 기관 간의 협력 방안

4. 그 밖에 지식재산권 침해행위에 대응하기 위하여 필요한 사항

② 위원회와 관계 중앙행정기관의 장은 제1항의 대응방안을 마련하기 위하여 정보·수사 기관의 장에게 필요한 정보나 자료의 수집·제공, 그 밖의 협조를 요청할 수 있다.

제24조(외국에서의 지식재산 보호) ① 정부는 대한민국 국민이 보유하는 지식재산이 외국에 서 적절하게 보호될 수 있도록 노력하여야 한다.

② 정부는 대한민국 국민이 보유하는 지식재산이 외국에서 적절하게 보호받지 못하는 경우 직권 또는 당사자의 요청에 따라 그에 대한 현황 조사, 해당 외국정부에 대한 조 치 요구, 국제기구 및 관련 단체와의 협력 등 필요한 조치를 하여야 한다.

제3절 지식재산의 활용 촉진

제25조(지식재산의 활용 촉진) ① 정부는 지식재산의 이전(移轉), 거래, 사업화 등 지식재산 의 활용을 촉진하기 위하여 다음 각 호의 사항을 포함하는 시책을 마련하여 추진하여야 한다.

1. 지식재산을 활용한 창업 활성화 방안

2. 지식재산의 수요자와 공급자 간의 연계 활성화 방안

3. 지식재산의 발굴, 수집, 융합, 추가 개발, 권리화 등 지식재산의 가치 증대 및 그에 필요 한 자본 조성 방안

4. 지식재산의 유동화(流動化) 촉진을 위한 제도 정비 방안

5. 지식재산에 대한 투자, 융자, 신탁, 보증, 보험 등의 활성화 방안

6. 그 밖에 지식재산 활용 촉진을 위하여 필요한 사항

② 정부는 국가, 지방자치단체 또는 공공연구기관이 보유·관리하는 지식재산의 활용을 촉진하기 위하여 노력하여야 한다.

제26조(지식재산서비스산업의 육성) ① 정부는 지식재산 관련 정보의 분석·제공, 지식재산 의 평가·거래·관리, 지식재산 경영전략의 수립·자문 등 지식재산에 관련된 서비스 산업 (이하 "지식재산서비스산업"이라 한다)을 육성하여야 한다.

② 정부는 지식재산서비스산업에 대하여 창업 지원, 인력 양성, 정보 제공 등 필요한 지 원을 할 수 있다.

③ 정부는 우수한 지식재산 서비스를 제공할 수 있는 역량과 실적을 보유한 사업자등을 선정하여 포상하고, 관련 정부사업의 참여에 대한 혜택을 제공하는 등 필요한 지원을 할 수 있다.

④ 정부는 지식재산서비스산업에 대한 분류 체계를 마련하고, 관련 통계를 수집·분석하여야 한다.

제27조(지식재산의 가치 평가 체계 확립 등) ① 정부는 지식재산에 대한 객관적인 가치 평가를 촉진하기 위하여 지식재산 가치의 평가 기법 및 평가 체계를 확립하여야 한다.

② 정부는 제1항에 따른 평가 기법 및 평가 체계가 지식재산 관련 거래·금융 등에 활용될 수 있도록 지원하여야 한다.

③ 정부는 지식재산의 가치 평가를 활성화하기 위하여 관련 인력을 양성하여야 한다.

제28조(지식재산의 공정한 이용 질서 확립) ① 정부는 지식재산의 공정한 이용을 촉진하고, 지식재산권의 남용을 방지하기 위하여 노력 하여야 한다.

② 정부는 공동의 노력으로 창출된 지식재산이 당사자 간에 공정하게 배분될 수 있도록 필요한 조치를 하여야 한다.

③ 정부는 대기업과 중소기업 간의 불공정한 지식재산의 거래를 방지하고 서로 간의 협력을 촉진하여야 한다.

제4장 지식재산의 창출·보호 및 활용 촉진을 위한 기반 조성

제29조(지식재산 친화적 사회환경 조성) ① 정부는 지식재산이 존중되는 사회환경을 조성하기 위하여 교육, 홍보, 문화행사 등 지식재산에 대한 국민의 인식 제고를 위한 시책을 마련하여 추진하여야 한다.

② 정부는 각 지역의 지식재산 경쟁력을 높이기 위하여 지역별 지식재산의 창출·보호 및 활용 촉진을 위한 시책을 마련하여 추진하여야 한다.

제29조의2(지식재산의 날) ① 지식재산의 창출·보호 및 활용에 대한 국민의 이해와 관심을 높이기 위하여 매년 9월 4일을 지식재산의 날로 정한다.

② 정부는 지식재산의 날의 취지에 적합한 기념행사를 개최할 수 있다.

[본조신설 2017. 12. 19.]

제30조(지식재산의 국제표준화) ① 정부는 연구개발사업에서 창출 중이거나 창출된 지식재산이 「국가표준기본법」 제3조제2호에 따른 국제표준과 연계될 수 있도록 연구의 기획 단계에서부터 표준의 획득에 이르는 전 과정에 걸쳐 필요한 지원시책을 마련하여 추진하여

야 한다.

② 정부는 지식재산의 국제표준화를 지원하기 위하여 국제표준 관련 동향 정보를 수집·
분석·제공하여야 한다.

제31조(지식재산 정보의 수집·분석 및 제공 등) ① 정부는 지식재산 정보의 생산·유통 및 활
용을 촉진하기 위하여 다음 각 호의 사항을 포함하는 시책을 마련하여 추진하여야 한다.

1. 지식재산 정보의 수집·분석·가공 및 데이터베이스의 구축 방안

2. 지식재산 정보의 분류 체계 마련 및 지식재산 분류표의 작성·보완 등에 관한 사항

3. 지식재산 정보망의 구축 및 지식재산 전문 도서관의 설립 등 정보에 대한 접근성 제고
방안

4. 지식재산 정보의 수집·분석 및 제공 활성화를 위하여 필요한 연구개발 방안

5. 지식재산 정보의 관리·유통 전문 기관 육성 방안

6. 그 밖에 지식재산 정보의 수집·분석 및 제공을 위하여 필요한 사항

② 정부는 제1항에 따른 시책을 추진할 때에 개인정보나 국가기밀 등이 보호될 수 있도
록 필요한 조치를 하여야 한다.

제32조(경제적·사회적 약자에 대한 지원) ① 정부는 중소기업, 농어업인, 개인 등의 지식재산
창출·보호 및 활용 역량을 강화하기 위하여 필요한 지원을 하여야 한다.

② 정부는 지식재산의 창출·보호 및 활용 촉진에 있어서 전략적인 경영활동을 모범적으
로 수행하고 있는 중소기업을 대상으로 대통령령으로 정하는 바에 따라 지식재산 경
영인증을 할 수 있다.

③ 정부는 장애인, 노인 등 지식재산에 접근하기 어려운 사람들이 지식재산을 쉽게 이용
할 수 있도록 필요한 지원을 하여야 한다.

제33조(지식재산 교육 강화) ① 정부는 국민의 지식재산에 대한 인식과 지식재산 창출 및 활
용 역량을 높이기 위하여 지식재산에 관한 교육을 강화하여야 한다.

② 정부는 「초·중등교육법」제2조 및 「고등교육법」제2조에 따른 학교의 정규 교육과정
에 지식재산에 관한 내용이 반영되도록 하여야 한다.

③ 정부는 지식재산에 특성화된 학교를 육성하고, 지식재산 관련 학과나 강좌가 개설될
수 있도록 하여야 한다.

④ 정부는 「평생교육법」제2조에 따른 평생교육기관의 교육과정에 지식재산에 관한 이
해와 관심을 넓힐 수 있는 내용이 포함될 수 있도록 하여야 한다.

제34조(지식재산 전문인력 양성) ① 정부는 지식재산의 창출·보호 및 활용과 그 기반 조성에

필요한 전문인력을 양성하여야 한다.

② 정부는 여성 지식재산 전문인력의 양성 및 활용방안을 마련하고 여성이 지식재산 부문에서 그 자질과 능력을 충분히 발휘할 수 있도록 하여야 한다.

③ 정부는 지식재산 전문인력을 양성하기 위하여 산업계, 학계, 연구계 및 문화예술계 등과 협력하여야 한다.

④ 정부는 지식재산 전문인력을 양성하기 위하여 공공연구기관이나 사업자등에 대하여 교육설비, 교재개발, 교육시행 등에 필요한 비용의 전부 또는 일부를 지원할 수 있다.

제35조(지식재산 연구기관 등의 육성) ① 정부는 지식재산 관련 제도나 정책을 전문적으로 조사·연구하는 연구기관을 육성하여야 한다.

② 정부는 지식재산의 창출·보호 및 활용과 그 기반 조성을 목적으로 설립된 법인이나 단체를 육성하여야 한다.

③ 정부는 제1항의 연구기관이나 제2항의 법인·단체에 대하여 그 운영에 필요한 경비의 전부 또는 일부를 출연하거나 보조할 수 있다.

제36조(지식재산 제도의 국제화) ① 정부는 국내외에서의 지식재산의 창출·보호 및 활용이 효과적으로 이루어질 수 있도록 국내의 지식재산 제도가 국제적 합의사항 및 규범과 조화를 이루는 데 필요한 시책을 마련하여 추진하여야 한다.

② 정부는 국제적으로 조화될 수 있는 지식재산 제도를 마련하기 위하여 외국정부, 국제기구 등과 협력하여야 한다.

③ 정부는 외국정부, 국제기구 등과의 조약·협약 등 국제적 합의가 국내의 지식재산 관련 제도·정책이나 시장에 미칠 수 있는 영향을 조사·분석하여 적절한 대책을 마련하여야 한다.

제37조(개발도상국에 대한 지원) 정부는 개발도상국의 빈곤퇴치, 경제성장 및 문화발전에 기여하기 위하여 개발도상국의 지식재산 창출·활용 역량을 높이는 데 필요한 지원을 할 수 있다.

제38조(남북 간 지식재산 교류협력) 정부는 북한의 지식재산 관련 제도·정책이나 현황 등에 대한 조사·연구 활동을 추진함으로써 남북 간 지식재산 분야의 상호교류와 협력을 증진할 수 있도록 노력하여야 한다.

제5장 보칙

제39조(비밀 누설의 금지) 위원회 및 전문위원회의 위원 또는 사무기구의 직원이나 그 직에

있었던 사람, 파견·위촉·위탁 등에 의하여 위원회의 업무를 수행하거나 수행하였던 사람은 업무처리 중 알게 된 비밀을 누설하여서는 아니 된다.

제40조(벌칙 적용에서의 공무원 의제) 위원회 및 전문위원회의 위원, 사무기구의 직원 중에서 공무원이 아닌 사람은 「형법」 제129조부터 제132조까지의 규정을 적용할 때에는 공무원으로 본다.

부칙 〈제15245호, 2017. 12. 19.〉
이 법은 공포 후 6개월이 경과한 날부터 시행한다.